滄海叢刊

禪學講話

日種讓山原著
芝峯法師譯

1991

東大圖書公司印行

上所學之「定慧圓明」無欠無餘之一物。中國禪宗，着重參之一字，於是發展成別樹一宗。試看曹溪慧能大師爲止之所謂禪，固與敎家同一鼻息；語不踰義，行不越規，傳持佛法慧命之禪匠敎家，所莫能自外。可是自曹溪以下的宗門，禪的理論和機用，益益發達，別闢蹊徑，接引來學，雨棒雷喝，竪掌擊拳，幽言嶮句，削壁懸崖，大有非個中人莫能問津之概。雖然在禪宗固可自立其崖岸，樹其「敎外別傳」的旗幟，但在普遍攝化，接引衆機，直指成佛一着上，於鈎章棘句的無意味公案下，已非多數人所能赤體擔荷矣。宗門既標榜其「敎外別傳不立文字」的旗幟，如臨濟說的「菩提涅槃如繫驢橛」，「看經看敎亦是造業」，這些話都是標出禪的最高峯，是「於生死岸頭得大自在」的境界；可是末流所至，不唯輕視經典，甚至目經典爲寃賊，終於拋卻整個佛敎共同立足的基礎——經典。兼橫施以銳鋒硬語，無所憑乘，絕卻初學入德的坦途；遠不若研敎者尚有經論可依傍，摸索句義，漸通道妙也。故中國之佛敎，元明以降，尚不乏抱殘守缺之敎家，而禪宗則每下愈況，滅卻人天眼目，喪我兒孫，豈待今日叢林裏聚頭喧喧之瞎驢邊乎！

「臨濟兒孫偏天下」，我們萬不能漠視了這句口頭語。以今日全國的寺院言，百分之九十九爲禪宗兒孫所盤據。他們雖於禪是莫名其妙，可是一翻閱其剃派法系，何一莫非禪宗兒孫。就是大江南北的叢林，仍隱然保持着禪的流風遺韻，掛着「陸槁薦」似的金字招牌。唯以正令不行，源頭涸竭，不但禪道無人，且更影響及敎下，盡成顢頇之輩。

如果說要重與今日中國之佛敎，不得僅以研究經論爲止境，尤須提倡從上諸祖所植下之根深枝繁最上宗乘的禪，以眞參實悟的實體驗，使佛敎的法身再生，慧命復活。

一說到禪的體驗，這是如人飲水冷暖自知的境界，所謂「向上一路千聖不傳」的自悟自證法門，商量問答，已落剩語，講學義解，更纏葛藤。想用理論來提唱禪宗，會遭眞禪和子所呵斥，假作家所排擊。然予曾竊思之，間重思之，與其一任盲禪的胡說八道自誤誤人，不若寧蒙文字禪之譏誚，從傍顯示以禪之所以爲禪之規範，俾有目者共循坦道，以進於無言說的境界，完成其超佛超祖的無上法的人格。蓋文字本身，原無死活，觸目大地，形形色色，何一不是殺人劍、活人刀，都是天地間之眞文字，豈得專指尋行數墨爲文字？卽如「承言者喪，滯句者迷」，固是個死漢，非關文字；「言下頓悟，句前默識」，雖是過量大人，亦何曾離乎言句之端的。纏文字縛，自是低能兒，陷公案窠臼，也是打爹罵娘之徒。

當人本分，原不滯住於一物，盲修瞎練，念念攀緣流注，都轉成名言種子。與其瞎蛇鑽死洞，不若示以方便文字，扶之以几杖也。當此劫火洞然，沸石流金，人世自造之苦惱益甚，唯有宗門一劑藥，足以回逐影迷頭之狂疾，非僅以起法門之沉疴而已也。然求之於古德著述，千七百公案，都是沒柄鐵鎚，初學人徒滋螢惑。現代宗門出版之奇乏，十足地反映着禪風之寥落。近讀日本日種讓山先生所著之「禪宗學」，在國內宗門絕糧之今日，實具有譯述介紹之價値。按年來日本佛敎之出版物，禪宗新著亦不少，但不出如下之三例：一者過於板起學者面孔，引經據典，以歷史眼光，實行解剖祖師之屍體；次者拈題解話，絮絮不絕，類似長舌婆娘，表示出博達的架子；更下者把明心見性含靈同具向上之一竅，緊束成唯以訓練舉國國民殉國之精神。「禪宗學」一書，於上例之傾向不甚濃厚，本宗門之見地，益以現代治學的方法，於全書十萬言中，橫溢着祖意禪機。若站在敎學的立場說，這書允爲有志習禪初步契機之良師益友。全書分前後兩篇：前篇着重在明示禪的宗旨所在，亦卽純禪之面目；後篇着重在解釋古人公案，於高喝硬棒下剔挖出禪的本色，亦卽活機縱橫權變無方的禪的作用。

中國禪宗，胚胎於釋迦菩薩樹下之正覺心，淨化了印度數千年哲學之思想，傳至中國，經過漢、魏、隋、唐，垂近千年之陶冶，融攝了孔孟老莊之玄理，產生出世界無比類的禪宗。這個「說爲一物卽不中」的禪宗，若體究其眞相，可說一切學術，皆自此誕生。就中國隋唐以下之一切文化言：若美術、詩歌、實踐倫理、道學玄言，那一種不深深地飽吸着這橫貫着中印文化的禪的巨流。眞所謂百千法門，無量妙義，莫不淵源於此也。如果自己承認是個道地的中國人，對於這具有特色的宗門，最低的限度，也應該求得相當的認識；至於方袍圓頂的出家兒，要不浪費施主的鹽醋的話，更不可打失了自家娘生面孔也。本書對於這個提示，我相信頗有幫助。

三月間，應焦山定慧寺雪煩方丈東初監院之邀約，小住月餘，譯成全文，且提出數章，爲佛學院同學講說，聽者頗感興趣，一掃向來講學沉悶之空氣。故本書卽充作學院之課本，亦殊適宜。雪東二師，且促爲付印，得黃大東居士之力總其成，靜安寺德悟方丈，撥冗專任校對，更得李嚼霜居士任最後校閱，訂正謬誤處不少，私心殊引爲感激無已。

校印將竣，弁此蕪辭。所冀少林老梅，重發幽香，腥風血雨，變為慧日慈雲，大地衆生，盡露拈華之一枝春也。

民國三十二年九月　在上海西竺寺

永嘉沙門芝峯　譯序

序

老友芝峯法師譯禪學講話，正在付印中，我剛自厦門來客居海上，同居西竺寺。一日出示所寫序文，說是能替他加些什麽意思？旋又把書的內容介紹了一遍，要我給他寫一篇序。自念近年來獨居島上，久與硯田絕緣，還能寫所謂文章麽？後來乘德悟和尚校對之便，獲讀本書各章的原稿，當我正翻開「禪的風格」讀下去時，手民走來要去，使我髣髴若有所失。然而我雖未竟讀全部原稿，卻引起了許多的興趣。好在本書是禪學，而且是講話，不妨讓我來嚕嗦述之。

我初出家從崇慧上人，蒙啓示禪宗的意味，并閱讀各家語錄，後來雖然從事文字上的探討，迄今二十餘年，并未忘記當時那個深刻的印象。在我出家的附近，若石霜，道吾，楊岐，雲岩，都是唐代有名的禪宗道場。在千餘年後的今日，雖無當時那個盛行的禪風，而老祖遺留下來的古規迹象，與手記在語錄中的公案話頭，還時有人在應用着。如潙山在石霜座下踢倒淨瓶的故事，如趙州破衲七斤半的故事，如庭前柏樹子，如狗子無佛性，如德山見老婆子點心，如悟也三十棒，不悟也三十棒，如見流水悟道，聽擊竹明心，甚至連那個「郎有心姐有心，那怕山高水又深」的滑稽悟道機緣，都可以在一般年輕出家人依着老和尚在柴堆上晒日黃的閒話中聽到。當他們說出一個故事或話頭時，甚至連他自己也不了解，可是聽的人卻津津有味也。那時，我爲了這個，去過南岳山參訪善知識，也去過江西參訪青原百丈的道場。在潙山參寄雲長老，他是金山高旻的老首座，也在鐘南山住過茅蓬，他是禪宗有名的宗師。我見他時已七十多歲，因爲我年輕，僅對我說了幾句勉勵的話。後一年潙山被匪燒了，匪把他背了出來，移住長沙鄉下一個小廟裏。那時我在嶽麓山佛敎模範佈敎養成所，在一個嚴寒徹骨的多夜我去見他，僅一名十二歲的小沙彌相侍。那晚上我陪他在爐前烘火，問及德山見老婆子點心的話頭，我說：假使問老和尚當怎樣？他手上正拈着火鉗，在爐沿上敲了一下，我睜大了眼睛望他說：不了解。他說拿過來吃了就得啦。這個意思我費了長時間的追求，等在下面再說吧。

禪宗是中國佛敎的重心，也可說是佛學的實踐。我們現在祇看見佛敎許多無謂的儀式，都是失去了意義的，甚或有的是庸俗學者們藉端作僞。然而在當時——隋唐宋——卻是最實踐的。今日全國所有的大小寺院都題上某某禪寺，便見到禪宗是如何地普遍了。我國最初譯出的佛經就是禪數，一直到達磨東來，雖然有許多大乘經的譯出，在文字上探討了大乘佛學的最高理論，而內部的實踐工夫，還是在世間禪，或出世禪之小乘領域的。正因如此，始從達磨唱出一種「不立文字，敎外別傳」之禪。就整個禪宗來說，或者在達磨以前可稱爲禪學時代。「不立文字，敎外別傳」。這全標明了禪的工夫離開一切文字語言。「直指人心見性成佛」，這所達到的目的又是何等簡易卓絕。自達磨傳至六祖慧能大師，已是禪風滿天下。這時北方雖然尙在講敎，但亦無不在禪宗鎭攝之下。就整個禪宗來說，從此以後方可稱爲禪的時代。由元朝直到淸末祇能稱爲禪弊時代。這并不是抹殺敎下，從禪宗全面看來，的確是如此的。然而禪宗的工夫究竟是如何？我未做過參禪工夫，自然說不出什麽。且時至今日，宗師不作，指示印證之人，縱許是用一番死工夫，終不免落於盲修瞎練。因爲禪是不立文字，敎外別傳的，苟仍從文字上得來，不免「以他人知解，塞自己悟門。」縱許你是開了圓解，讀通了語錄的公案話頭，也是如來禪，知識邊事，便不是祖師禪了。爲了這個，竊嘗思之，禪宗在今日實在是不可能，因爲沒有「直指人心見性成佛」的導師啊！

固然，達磨授法二祖慧可大師，說有楞伽四卷，可以印心。五祖傳衣六祖時，亦有授以金剛經的故事。可是到了六祖以後，禪風大行，便盡力排斥文字，甚至不惜指大藏經爲糊窗門紙，這是何等大膽的說話。看當時的學者們用功，多是在宗師前領取一個話頭，晝參夜參，搬柴運水，都不離這個。據一般老參師說：參禪的工夫有如貓捕鼠似的，不是疑，不是不疑，所謂「小疑小悟，大疑大悟」。可是這個悟了的境界，必須一位有了見地的宗師來印證。所以禪宗的工夫切實地說來是有三關的，學者們從看話頭起，如何是破初關，如何是破重關，如何是透三關，都要有一位宗師在傍指導印證。古來的宗師對於學者參扣，總不離與奪二門。華嚴經的善財童子，行脚百城煙水，似乎都是與門的，而禪宗卻多用奪門。試看語錄中記載，一個學者「三登」「九上」，參遍了諸方的宗宿，總得不着一個回答「是」，不怕你是三反四復的去參一位宗師。就在這個長時間的行脚中，使你的意識分別磨練得桶底脫落，直至最後的「啄啐同時」，乃能許你呼出一口氣。依這樣說來，禪宗的工夫是完全要有指導的人。在諸方宗師指導一個學者，都由各人自己的見地，是不約而同的站在一個恰好的地位上。什麼叫破初關，什麼叫破重關，學者自己是不知道，唯在宗師見地的默許中。

如僧問馬大師，『離四句，絕百非，請師直指某甲西來意。』師不爲說指問智藏，藏復指問海兄，海兄卻推說：『我不會這個。』僧復舉問馬大師，師評曰：『藏頭白，海頭黑。』這與庭前柏樹子的答語相似，不過指出現前的一種絕對境界，在語錄中這樣的說法頗多，并沒有什麼次第淺深。如前面說的寄雲長老答我婆子點心的話頭，也與此相同。若百丈問大潙，『併卻咽喉唇吻，作麼生道』？潙山云，『卻請和尚道』。丈曰：『吾不惜爲你說，恐喪我兒孫。』復舉問五峯，峯云，『和尚也須併卻』。丈曰：『無人處斫額』。復舉問雲岩，岩云：『和尚有也未？』丈曰：『喪我兒孫。』這便有點次第了。又如龍牙問翠微，臨濟，『如何是祖師西來意？』都祇叫把過禪板蒲團來。待把過禪板蒲團去了，他們便打。龍牙說，『打便任你打，卻無祖師意來。』這便墮於「死水裏不藏龍了」。還是龐公一家人說的好，龐婆說，『難難，十碩油麻樹上難。』龐女說，『易易，百草頭上祖師意。』龐公則說，『也不難，也不易，饑來吃飯倦來睡。』前一個是正在精進做工夫的樣子，中間一個是有了些悟境的話，後面一個已是無事道人，處處都是現前的絕對境界。這其中可以分明看出工夫的次第來。總而言之，禪宗是要有宗師指導，與其他各宗的工夫不同。依這樣說來，今日既無明眼的宗師，所以我說禪宗在今日是不可能也。然而不妨再從另一方面探討。

前面說過，達磨東來之前是禪學時代，就是說，那時蘊蓄了極豐富的義解，須要有禪的工夫來實踐。這並不是說義解就不實踐，不過總似乎有點挨門傍戶，不如禪的實踐來得一絲不掛地乾脆。這裏更可看出中國獨創了禪宗，並不是無背景可尋。此後經過了唐，宋兩代，切實說來，中間是禪敎並行的，而禪風卻是獨盛一時。自宋末至有清一代，義解不行，而禪宗也就成了目不識丁的啞羊僧。這樣看來，無有高深的義解，決不能產出禪宗。換句話說，義解是禪宗的先驅，故一切義學皆可稱爲禪學也。

今人的知識異常發達，這是事實，在世界各國莫不如此的。爲了這個緣故，世界所有的宗敎都拋棄了他固有的儀式，分別發揮一種較深的理論來做基地，或者硬把社會事業拉進去，以爲應時之處的維持門面的方法。佛敎不了解這個意義，一方面禪的實踐既成了過去，而所餘下來的那些啞羊僧，還在高唱着學六祖大師不讀書。一方面提倡一種單調的念佛，盡量剝去了日常精神的溢力，使得整個敎團都死沉沉地，祇看見許多僵了的人生表示要離開這世界。就國家方面來說，一個宗敎與國家民族是最有關係的，六朝隋唐間的佛敎盛行，民族精神也就積極向上。元明以後的佛敎萎靡不振，降及淸末可說是宗風掃地，而民族精神也就消沉殆盡，幾於滅亡。切實地講來，佛敎徒能不負一部分責任麼？

再看日本佛敎，從我國傳去，漸漸發展成立各宗，做了日本文化的重心。由親鸞上人別開淨土眞宗以來，表現於社會事業方面特地見長，人或謂日本佛敎之所以發達全在此。然而切實考察起來，這種表現，或者適應時代要求，及國家民族的需要，是不得不如此的。試看世界各大宗敎，在十五世紀的表現如何？在今日的表現又如何？便不難想像而知了。而日本佛敎的正面並不在此，祇要一讀日本所刊行的佛典，便知道他們在文化上是如何的努力。除開我國散失了的佛典都在保存着，千餘年來，日本人的佛典著述，眞是汗牛充棟。尤其是在了解大乘佛學的理論方面，能應用到一般文化上去，無論文學，哲學，社會敎育，乃至一篇小品短文，都可見到一種精闢的理論。這些理論，都從佛典中得來，這是日本文化與西洋文化不同之點。大抵可以這樣說：日本先有了高深的佛學，後來又吸收一種科學文化同時發展，成功爲現代的日本文化。在明治初年把佛敎與神敎分開，使佛敎的高深理念，成爲全國民的宗敎信仰。在今日一般佛敎徒的信仰看來，他們的信仰與中國人不同——最少也有一部分不同，並不是信仰任何一種神或人格，——他們也信神，似乎是站在傍位的。中國人卻不了解這點，把他放在正面，是大大的錯誤——而是總合宇宙人生的眞理。一個人必信仰這眞理，然後人生始有意義，同時對於現實假我便肯放鬆些，便能犧牲，便能積極向上。這種事實，祇要你踏進日本的國土，都可以在社會方面，或一般的國民身上看出來。

論到日本的禪宗，有臨濟，曹洞，黃檗各宗派。但從事實說來，如中國唐時的禪，從看話頭的單刀直入做工夫，恐怕是從來就不曾有過。後來隱元禪師到日本，開了現在日本的黃檗宗，禪堂式的禪宗工夫或者在這時始有。我也曾看見一兩處有禪堂的設備——限於時間未去黃檗山，頗爲遺憾！——且有人在面壁坐禪——日本坐禪，依達磨式面壁——但這些都是形式上的模仿，說不上實踐參禪。但是日本的禪學確實頗發達，從一般的著述方面就可以知道，尤其是關於語錄的研究，可說是不遺餘力。如本書的內容充實，說理透闢，極盡了文字的能事。加以譯者鬆動流暢的譯出，對於禪學的裨益殊非淺鮮也。不過文字總是文字禪，任是如何鞭辟入裏，味道總覺淡了些，喚不起學者們那種四十年坐破蒲團的堅實信念，那末，就是不具足所謂禪的風格吧。依這樣說來，日本的禪宗都是從文字上入手，從文字達到最深處的妙境，獲得實際受用的，或者大有人在。而今日日本佛教的重心亦可說建築於此。

民國初年以來，我國士人研究佛學的頗多，法相，三論，禪宗，都有人研究，可說盛極一時。但迄至民國十五年止，聲浪漸漸地息了。且研究的多在家居士，出家人是最少數。後來佛學院蔚起，入院修學的人雖不是少數，但多是入門而已，並未做到深一步的研究。今日更是寂寥無聞，亦可悲矣！前面說過，禪宗在今日爲不可能，日本從文字研究起，卻蔚爲佛教大觀。吾人果能從文字研究起，然後放下所知，實踐禪宗工夫造成一種禪的風格，以復興前代的禪宗，則有待於來哲也。

枯木 於滬上西竺寺

禪學講話　目次

前編

第一章　序說

第一節　緒言

禪，是超越了一切的對立與界限，是純一絕對心之名稱。既不得爲認識的對象，自亦不可爲學說的研究。今唯就禪的特色上，從一般的稱呼，名曰「禪學講話」。

中峯禪師語錄有曰：『禪者何物？卽吾心之名也；心者何物？卽禪之體也。』故禪之本體卽是心，以此心爲中心，使之成爲宗教化的，便是禪宗。

禪宗既成立以心爲中心的宗教，故禪以絕對的心的體驗，爲宗教根本原理；以肉搏的戰略，迫向心之源頭，爲入禪唯一的條件。可是這心，是超認識的存在，所以想用吾人的分別思想來把捉，自然是不可能；同時亦不得做爲學說的研究的對象。故宗祖達磨大師說：『不立文字，教外別傳，直指人心，見性成佛』：這是指出禪的立宗的基礎及體驗的方法。既是「教外別傳」，故無所依之經典；既「不立文字」，故亦無由以見理論的構想；祇以「見性」一事，爲「成佛」之道而已。所以古人說：『禪宜默不宜說』；或謂『禪之一字，非聖凡所測』。依此等語句，亦可知禪是何等地高遠而注重實踐的行爲。

那末禪既是絕對的，今欲照着學說來研究，豈非畢竟是不可能的嗎？假使說：禪是「冷暖自知」的，「以心傳心」的，那麽依此等理由，當然亦可說明；既得說明，當然自成爲研究的對象了。一成爲對象，就可進之以研究，使主體愈明顯，活用愈廣而且確實；這是學者的任務，亦自是研究者的目的。縱使禪的本質是超認識，非理論，除體驗外，無由理會；但其種種體驗的方法，未嘗不可訴示於理論。如「康德」根據着認識批評而定理性的限界，將神的問題，靈魂的問題，滙歸於「實踐理性批評」；則所謂「冷暖自知」的禪，欲定其限界，亦非不可能。以是吾人將以禪爲學說的研究，只要限於某種程度內以認識之，其理由正亦如是。

禪既是一種宗教，當然具有它的客觀作用；客觀作用，乃是經驗的事實，所以自然成爲學的對象；特別的如歷史方面，含有很多研究的可能性的事實，現在正盛行着研究；可是其研究若只限於文化史的研究，則便失卻禪宗史的意義了。所謂禪宗史者，自然本着禪的宗教的活動，過去的足跡，因之以發見禪的本身的意義。那末禪是什麽，是捕捉不得，只要其活動的事蹟仍有可尋，便可據其事蹟得知禪的生命；換言之：其事蹟卽成爲研究的對象，亦自不待言。然此處應注意的：蓋宗教活動的情形，並不像其他的精神科學的對象，以純粹的形式出現者。佛教的宗教的立場，照佛陀所說：『吾如良醫，應病與藥』。「應病與藥」，廣義的說：指時代及民族；狹義的說：指各人的性格；順應一一的境遇而施以教化。是以佛教的教理，常以根機爲中心，而組成一一的階級，這，且亦成爲判教基本的原理。禪，旣無所依之經典；因之，亦無教學的組織；試看古人擧示禪的時候，其精神是實際地活生生地活動着。換言之：應病與藥的精神，不是形式的固定化，而是自由地實際地在整個人格上躍動着。這，就是禪的特徵，所謂棒、喝、拂、拳，或稱「一指禪」、「狗子無佛性」等，都是禪的生命表現於客觀上的活作用；參禪者依着這些作用而得道，被引導進入於解脫自在之境。禪的生命，可說正是實現於這些上面，關於這些臨機活用，若找不到純粹的形式或蹤跡得出來，禪宗史的研究，是不可能。可是禪的歷史的研究，這樣純粹的形式就在不能發現之中，也只要找到其本質的意義，很明晳地依據各時代歷史的關係，也未始不可成立所謂禪宗學的學說了。

復次，禪的中心主體的所謂心，爲什麼是超認識的呢？其超認識的內容及與吾人現在的意識怎樣？以至吾人的意識依什麼方法而能轉成超認識的心呢？假使說爲不可能，那末禪的體驗，自不得成立；若得成立，則同樣地關於其體驗方法的心理過程，當然可以說明。旣可說明，當然是根據於學說的研究的結果，同時自亦得下以眞否的批判，以之正示其修道的方向，這也是研究的使命，同時爲宗教權利問題，也是有其必要。古人說：「古經照心」，就是根據經典所說的思想，來對照自己的體驗，確定其是否，用以鞭策自己；在這方面說，也就承認了禪宗學的可能性了。

吾人依如上的意味，容認禪宗是得成立學說研究的課題，如上頭說過，從一般的稱呼，因之名曰禪宗學。

第二節　教外別傳的意義

禪，如上說過了是「不立文字」故，不以佛祖經論爲所依；是「教外別傳」故，自有其特別看法。日本白隱禪師偈云：

『畢波羅窟裏，未結集此經；童壽譯無語，阿難豈得聽。北風吹窗紙，南雁雪蘆汀；山月苦如瘦，寒雲冷欲零。千佛縱出世，不添減一丁。』（毒語注心經）

這就是白隱正視着活生生的經典，因爲這經典縱使任何翻譯家，也翻譯不得；雖多聞第一的阿難，也不能聽。卽在畢波羅窟內會集了五百羅漢，也不能結集這部經典。

這，是指着自久遠之前已開展着的法爾眞理，稱之爲經：「北風」、「南雁」、「山月」、「寒雲」四句，是描寫出這部經的活文字；這部活經典，卻被白隱一語道破：雖千佛出世，欲增減一丁字，也不可能。要知道：活讀這自然法爾眞理，是禪的主眼；這眞理不存在於經典中，所以稱之爲「教外別傳」。又碧巖集第六則中，記須菩提與帝釋天的問答，謂法不在經中。今引用其要點如下：

『須菩提岩中冥坐，入空三昧時，諸天雨花讚歎。尊者問：「雨花讚歎，復是何人？」答曰：「我是天帝釋。」「汝何讚歎？」「我重尊者，善說般若波羅密多。」尊者曰：「我於般若，未嘗說一字，汝云何讚歎？」天曰：「尊者無說，我乃無聞；無說無聞，是真般若。」』

大乘教中，說空的眞理，無過於般若經。然經中所說的空，乃是語言說明，非空的本身；同時又依於說與聞的空，非是眞空，實際，仍未超越於有，因這是爲概念所構成的空。故眞空者，超越聞說，離概念的世界而入於空三昧時，空纔如實的現前；是以讚歎須菩提冥坐，「無說無聞是眞般若」。在這段話裏，可以意味出白隱所謂「千佛縱出世不添減一丁」的偈語；同時亦得發見「教外別傳」之旨了。況眞理是不論佛陀出世與不出世、亘三世而不斷地躍動着，成爲一切現象的生命東西，如非自身立腳于實境而實際地觸着會取，則必不能體驗其實相。禪的主眼：是以觸着實際，于其中實地薦取活活的生命，不是僅構成一種眞理的概念爲已足；是捉着實相而達到冷暖自知之境，不是存在於言說文字的世界；這須有待於如實的體驗，始得理會。故說禪是「不立文字教外別傳」，其理由正在于此。

第三節　禪宗對於經典的態度

禪，如上所述，標榜不立文字，發明自己心地爲根本的主旨；可是並不輕視經典。然有時極端地提倡心地發明，好像輕視經典；但這並不是禪宗一貫的主張。不過只是一時權宜的手段罷了。在這兒順便例舉幾個古人對於經典見解如下，日本榮西禪師說：

『與而論之：一大藏經、皆是禪所依之經典；奪而論之：無有一言為禪所依之經典。』（與禪護國論）

這是依據與奪的立場凝視着經典而說者，但其與奪，須處在超越了經典的立場，方得容許；僅憑理論上說，則是一個大矛盾。可是這矛盾，卻被自由地運用着，且無絲毫障礙，禪的妙味，也就在這兒透露。所以要觀察禪，須離卻一切固定的形式方能領會。次如卍山和尚所說云：

「蓋直指禪旨，雖敎外別傳不立文字，然文字性空敎觀義融時，敎內文字，卽直指禪旨也；直指禪旨，卽敎觀之文字，敎外無禪，禪外無敎。」

這，似乎是敎禪折衷論，實則非折衷論，是離開宗派的信仰，依于佛敎本來的立場觀察而說者。故不固着文字，則敎與觀都是運用一種體得眞理的方法。所以將敎觀二門對立言之，是體得眞理過程的一種手段；最後，這對立的觀念，非掃除不可。一經掃除，方得二門融合而爲一。據齊一的立場來看：敎卽是禪，禪卽是敎，故敎無可捨，一切敎悉是禪。然敎有敎的立場，禪有禪的立場，但這並不是固執其立場的成見，而是不可不從各各的立場，以之發揮佛陀的精神。中峯和尚的「山房夜話」有如次語云：

『譬如四序成一歲之功，而春夏秋冬之令無別。其不能別者，一歲之功也。密宗，春也；天臺、賢首、慈恩之宗，夏也；南山律宗，秋也；少林單傳之宗，冬也。若以理言之：但知禪為諸宗之別傳，不知諸宗亦禪之別傳。會而歸之：密宗，乃宣一佛大慈悲救濟之心也；敎宗，卽闡一佛大智開示之心也；律宗，持一佛大行莊嚴之心也；禪宗傳一佛大覺圓滿之心也。』

各宗雖說有如斯一一的特徵；要之：不過從其一一的立場，把佛陀的宗教發揮其使命罷了，是以輕視經典的理由，決無存在。所謂「不立文字敎外別傳」者，絕無輕視經典的意味，卻是以之闡明禪宗自己的立場而已。換言之：是指出禪宗傳敎的基礎，不在於經典，是在於大圓滿覺的佛心。

如斯以大圓滿覺佛心爲第一義，置經典於次要；結果：喩經典爲魚兎的筌蹄，指月的指頭，一到得了魚兎，見着月亮，筌蹄指頭，自無所用；所以禪宗對於經典的看法，亦自和其他各宗不同，可取則取，可捨則捨，敎是權宜，不受其任何束縛，自由運用，一遇到在禪的宗旨舉揚上，有必要時，拈來應用罷了。

第四節　禪宗對於經典的看法

考察佛教的淵源及其目的，自在於釋尊的大悟與涅槃境的體得；這是佛教中的任何宗派都是一樣。但對於教典的看法，爲各自異其立場，故觀察經典的態度也有不同，這可說是自然的趨勢。因之，禪宗自有禪宗的看法，現在爲明瞭其一斑，引用日本東嶺和尚的「無盡燈論」一文如下：

「顯密諸教，今我不謂全為不是。只論遠途佛之妙境，而於自分上不能證入。法身尚不得，況法身向上事？是故教乘，遙說成佛之妙境；禪門，直試成佛之端的。譬如貧人，論富家之財寶，雖論得盡妙，不能自用，有何所益？譬如庶人，論國王之尊貴；雖得盡妙，依然是庶人耳。若望國王之尊貴，羨富家之財寶，則不如自己獲得之妙。當其求時，不顧國王之尊貴，不管富家之財寶，只向自家，論己之財寶，試己之尊貴，求之辨之，隨分增進。是故意雖相似，進修遙別。若以經教修之，多滯教跡，何時得以脫體現成？……如我祖宗門下，不依教跡，別有意趣。應機接物，無礙自在，亦復如是。若欲全得富家財寶，先須還自心之富家；無盡寶藏，自然入手。若欲全得國王之尊貴，先須謁自心之國王；無上尊貴，畢竟歸身。古來教者，間有如是會者，是故依教入者，亦為不少。今時一向不然，其談者雖盡究玄極妙，呵斥二乘，謗倒權乘，偏圓顯密，各爭箭鋒；點檢將來，二乘果證尚未能得，況菩薩乘乎？於一佛乘，何曾夢見！偏圓顯密在什麼處？如我祖宗門下，又且不然，直越方便，辛參苦修；纔得旨，則顯密佛法，一時現前；重透許多牢關，却來看見經論，如自己說。摧殘般若稠林，踢倒菩提道場，滅向上些子，斷佛祖正脈，顯密都來，是何閑妄想？法身智身，亦須倒退三千始得。」

東嶺和尚，這樣來論禪教的區別，但其眞意，並不是輕視經典；要知，這是學者的態度。將這照現代的學者來說：一是學說的研究者；一是修道的研究者。前者以研究史實的考證與經典的眞意爲目的，欲以之批判經典或佛教者；後者以自己的信仰或得道爲目的，而研究經典者。東嶺所排斥者，只是前者，以其違反釋尊及祖師的眞意，非佛教的目的。對於後者，東嶺亦說：「雖原爲教者，然依教入者亦不少」。如專論究他人的解脫及體得的深淺，而忘卻自己的解脫，釋尊所謂「戲論之徒」而已，不是研究佛教本來的目的。倘依佛教本來的目的，從事研究經典，以達于佛的境界，則教亦可，禪亦可，便無彈斥的理由。畢竟所謂禪，是以自己成佛爲主，故置經論及學解爲次要。換句話說：禪，非從事他人佛教的研究，而是自己佛教的建設。故東嶺又說：「今禪學者，雖立教乘，先以教爲信緣，爲修因。」這是最能明示對於經典的態度了，佛教，是表示自己成道的途徑，依其所表示的途徑，修行進步，說名「修因」。這樣，禪是怎樣來看經典呢？再同樣地舉出東嶺的解釋，如關於龍樹傳授大日經云：

「昔龍樹大士，至南天鐵塔前，加持七粒白芥子而打之，塔門豁然而開。龍樹欲入，四天王拒之，禮拜懺悔，終得入門。時金剛手菩薩為之傳授，龍樹一一憶持不忘，出來結集，而至于今。所謂南天者，虛明清淨之義；鐵塔者，根本無明也。七粒者，七覺支；白者，清淨義；芥子者，一念義；加持者，觀照義；塔門開者，三昧發得義；四天王拒之者，放身捨命義；入得者，證入義；大日者，自性義；密法者，自性所具法門故云自性說；金剛手者，後得智義；傳授者，解了義；憶持不忘者，一得永不失義；出來者，菩薩不住所得境界故，利益衆生故。」

東嶺更綜合之云：

「若能於虛明清淨心上向根本無明以七覺支淨念觀照者，則無明忽破裂而自性現前。當是時，起大歡喜，執持所得心故，不能徹見自性。得失是非，一時放捨，始見徹自性，無門之法門，煥然滿於目前。雖然，若不以後得智解了，則不能知佛境差別之法；故解了法門者，皆後得智之所致也。一回見徹法門，則造次顛沛，行住坐臥，皆是大道，皆是法門，名之為秘密莊嚴心，不當別人之境界故。」

禪，這樣地把一切佛法，做爲自己一心的說明或爲自心的徹見，將所有的法門，所有的佛，都是示自己一心的異名或德相；這是說之爲「三界唯心」，「心外無別法」之所以然。是以於自己之外，更不允許別有佛，別有淨土，「五時八教」，「三乘一乘」，無非都是祖師向上一著；一切法門，莫非皆禪。這是禪的經教觀，如五時教或三時教的分類，悉非所問；是之謂「不立文字教外別傳」。

要之：禪的立腳點，不全在經教中，而是以自己本來絕對的佛心爲其立腳處，是以若體得佛心，一切經典，不過爲自己一心的注腳罷了。這是禪宗對於經典的看法。

第二章　禪的傳燈

第一節　傳燈的意義

一　傳燈

讀禪宗祖師的語錄，隨處有着什麼「嗣法」，「傳佛心印」等名詞。這是讀禪宗語錄或傳記時特可注意之點；同時，這是和其他的宗派傳統，也有着異趣之點。釋尊曾語諸弟子曰：「見法者見我，見我者見法」；這在禪宗的祖師，也自一樣。這是唯一的人格轉換爲「法的人格」，方成功爲宗教人，方成功爲祖師。換句話講：人依法生，依法發光，而成人法不二的人格，纔完備了祖師的資格。若將人與法分離而觀，人與法便都爲死物，在宗教上，卽不具有何等的價値了。以普通的歷史眼光來看宗教上的祖師，大多數是與法分離而觀察的，這是完全被觀點所誤，不是宗教上觀察祖師的方法。宗教上觀察祖師的重點，全存在于「嗣法」一事。嗣法，是祖師的生命；

嗣法的正否，于禪的法統上有着重大的關係。就是說：禪的正否與興衰，全維繫于嗣法，不專是法燈持續問題，且是修行的正否，禪的眞僞的分歧點，故尤須特別注意。然而嗣法，第一須先透過證悟的第一關；次之進入體驗，達於圓熟之境纔可；倘無所證悟，根本談不上「嗣法」或「傳佛心印」了。故禪的證悟，在宗教方面說：是更生的第一步；禪的方面說：是登祖師位的第一階段。所以唯觀嗣法而不觀其第一階段悟證的眞否，這不是完全的觀察方法。縱使怎地博得史實的正確，嚴密的考證，可是于證悟與嗣法方面稍不忠實，徒把握其外形，不能觸着其中心的生命，是會失卻祖師之所以爲祖師的眞面目。尤其禪的重要，是在于師資的心心契合上授受的生命，因之相持續着以傳其法燈者。所以一把這中心問題放過，便不能說明其法統；同時，也不能體味出禪的眞諦。故今想一述其法統的梗概如次。

禪，不像其他各宗派似的專訴於理性而得理解的東西；又不是僅依信仰而可得的宗教。禪是超過理性與信仰，祇是向着自己心靈的大覺與體驗的邁進而產生出來的宗教。如一看日本現存的佛教，有十三宗五十六派那樣多，是非常複雜的，就其外觀上，也就够多歧多樣了，進而研究，自非易事；但祇有禪宗，最爲直截簡明，嫡傳的相承着釋尊的眞精神——自覺的大法，雖到現在，尚耿耿地放大光明，澄湛着神秘的深淵。禪宗把釋尊的大法，恰如一器的水移入別一器中相傳而來的宗教，所以一提到禪的起源，自然連想到是始於釋尊的正覺。然所謂正覺，唯得到正覺的人方能體味到的神秘境，想用客觀的知識是得不到的：所以法華經說：『唯佛與佛，乃能究盡』。這正覺，是佛教各派的起發點；同時，也是終局的目的。佛教雖怎樣多歧，怎樣分裂，可是其主要點，無不存在於釋尊的正覺。然教下的各派，都努力地依據着經典來研究正覺的內容，摸索義理，想合理的把握其生命。恰如醫師診察病者的外表而希望明瞭其病源，綜合着各種現象來診斷似的。禪，是不依這種方法，依嫡嫡相傳而來的佛陀自內證的覺境，直覺地體味出來，這是比較的容易，且更較確實明晰。

至於禪宗，可說是中國產生的東西，因爲地理的關係上，是多量地含有中國的思想，這是不可否認的事實。所幸的尙不失其爲佛教根本——釋尊直傳的眞義，持續到今日，這眞義現在仍爲禪的中心生命。如說佛陀是覺者的意義，毋寧進之以自己的靈覺爲唯一的目的。禪，不同其他各宗靠着知的研究或情的信仰；禪是以入禪定三昧而得解脫，打出遊戲三昧的妙境的。如照上曾說過的：禪是無所依的經典，也無信仰的對象，獨步着坦坦的大道，依禪定力，透入佛陀自內證境。試依佛陀的傳記觀察其成道的過程：既不依於哲理的研究，也不仰求神的攝受，寧視這些爲戲論，爲愚迷；唯向着自己的內心，與本能的慾望戰，與盲目的自我戰，終得制伏之，遂成爲「一切勝者」，爲「法王」。然究其方法，要不外於般若智與禪定而已。就一方面來說：般若智亦可視爲因於禪定結果的東西。以是言之：所謂釋尊的正覺，亦不外自內在禪定圓熟的境上發動了自覺的光明罷了。禪宗，也完全和這一樣，以坐禪爲心華開發唯一之道，以決死的精神，而期達到禪定圓熟之境。同時，在圓熟的境上，必然地從自己的內在與發明的心靈的動躍相一致，復活了所謂「心身脫落」、「脫落心身」的自己；這是每一禪匠自己所有的經驗，是被公認着無可懷疑的事實。若照教學研究的順序來說，也可說禪的發生，是在理論研究成熟的時期。如中國的唐末宋初，是教理研究與盛時代，禪也是與之並行發達，終之卻壓倒了各宗而且風靡於儒家，呈出歷史上未曾有的一大偉觀。然而若把這發達的所以然從佛教本質來說：可說爲當然的事實，再明顯也沒有了。因爲無論怎樣地探究學說的眞理，縱得明白認識，可是旣限定於學說的對象，不過是一種哲學而已，不得成立爲宗教。又卽使怎樣地專念歸依，製造出客觀對象的佛或神的面前得到信仰，可是不能將主體的具體表現於自己，祇成爲主觀的信仰的陶醉者，未能踏進於宗教的絕對價値實在的世界。若自禪的立場來看宗教，是把更生了自己的神，具現於法的人格上，達到「人法不二」，「神人一致」之境而領會着神秘的境界。所以禪是古今一貫地準據着根本的佛教，而進趣於體驗之一道；現在想把如來的正法眼於歷史的現實中提出來，藉以證明人類實存的永遠性。

二　不傳之傳

「不立文字，教外別傳，直指人心，見性成佛」，是禪宗獨標的旗幟。宗祖達磨大師，樹立這旗幟，鮮明地把自己的宗教立場，示異於其他宗派的祖師；因之，并示其研究佛教的方法亦自特異。「不立文字」，似乎視文字爲無用，禪宗中人，因是有疏忽了經典的研究，甚者有謾罵教學者的傾向，這是否合理的？要知「不立」與「不用」，不可混同。文字是符號而不是眞理的本身，卽使藉着多量的文字現眞理，但這僅是意義的表示而表而业是眞理。達磨提示了不立文字教外別傳的意義，也正在這裏。緣經典中所記述的正覺說明，非眞的正覺；於是眞理的傳承，非依着特別的方法不可，禪的所謂師資相傳，在此含有重要的意義；同時，禪的法統與其他宗派完全異其意義，至今仍儼然存在的原因，也根基於此。然則所謂相傳，到底有什麽東西相傳呢？雖說「大法授受」、「心印相傳」，實際，也沒有什麽可傳的東西。日本大應國師有云：

「云相傳者，無有一法相傳。佛見、法見、有相、無相盡截斷，胸中一物也無所存，孤明歷歷，赤洒洒，貫通於三世十方，大似鳥道虛懸，無異羚羊掛角，卽是大安樂處也。唯傳此安心安樂處，更無一法授人。」（禪門法語全集續篇大應假名法語）

本來「無一物」的境上，沒有煩惱與菩提，生死與涅槃、迷悟修證等相對立的法；因爲達到眞實無爲無相之境的時候，在師資心心相照的中間，是一些兒的影像也無的心境，毫無凝滯無礙的境地，明歷歷地現前，這是能應萬事而不失其自由的解脫境。像這般無礙解脫境界，壓根兒不能依賴文字或語言可得相傳的，「敎外別傳」，是最適當的說明語。是以古人解釋爲「傳者契也」；從心心契合的當體上說，祇可說是「不傳之傳」。雖說是傳，實無什麽可傳，唯在赤洒洒、明歷歷的心境間給與證明而已。這是大應的「更無一法授人」的意義。

「直指人心、見性成佛」者，謂欲達到本來無爲的境界，除禪的行法外更無別法可修，其他的一切問題，無非是這語句的延長而已；於此也可知達磨大師的宗敎，是怎樣地直截簡明呢！同時也可得知，禪是這樣根據於人類的自心，於心的究明以外，絕無可信之物，絕無可求之事了。達磨的宗教，以這樣的立場而開宗，不問時代的今古，都是超神越典獨步天地的，所以對於神的有無，或經的眞僞、全不成爲問題。日本聖一說：

「若學習經論而得智，名為見聞覺知，是對愚癡凡夫之智，非是真智。」（聖一假名法語）

這是以比較而示出學習的智與眞智。眞智者，即「無智之智」，既非依於學解而得的智，也非從於見道而生的智，超越了這些智，所以名曰「無智之智」。依於學解及見道而生的智，是作爲的智，不但是未出煩惱的範圍，實際卻是煩惱根本的無明。眞智者，是這些智的斷絕處方始從內自發，是心自體的光明。這眞智，實是不能依於相傳授受的東西，只是以心心契合的證明來表示相傳，所以也稱之爲「千聖不傳底傳」。

第二節　法統的梗概

一　禪的語義及禪宗的起源

「禪」，即梵語「禪那」的略名，譯曰「靜慮」，是靜止念慮散亂的意味。又名「三昧」，是梵語「三摩提」的訛音，譯義曰「定」，是將散亂的心念集定於一處的意義。總之：不外禪那而已。

禪那，是佛教全體通有的思想，卽三學中的定學，亦卽四諦六度中的禪波羅密多是。然禪那不一定是佛教獨有的思想，遠在印度古哲學「吠陀時代」就有其淵源；到「優波尼沙士」時代，尤重視冥想及思惟，於是觀念論的思想更盛；到佛教時代愈發達。故雖同名爲禪，有佛教禪與古代印度外道禪的分別，其方法和目的亦自有異。就專在佛教方面說，也生出大乘禪與小乘禪的區別：如小乘禪，說四禪八定，大乘禪，說頓漸二修。後世圭峯宗密禪師（一五〇一寂）分爲：外道禪、凡夫禪、小乘禪、大乘禪、如來最上禪五種；指禪宗的禪，曰如來最上禪。然而禪宗的禪旣爲諸佛所證的三昧心，今說之爲三學之一，六度之一，自是不當。所以禪宗的禪，是超越過一切行的階級與觀練薰修，三學的功德，六度的妙行，無不悉攝於其中，故得特名之曰「諸佛頂上禪」或「三昧王三昧」。

禪宗，是產生於中國，溯其起源，自當早已存在於釋尊的正覺；東嶺在宗門無盡燈論首說宗由曰：『世尊初下生來，一指指天，一指指地，大獅子吼曰：「天上天下，唯我獨尊」！咄露這消息。』所謂「唯我獨尊」，爲乾坤唯一人的境象，是釋尊無上正覺的意味，是心理上絕對大我的意義，這心就是禪的心，所以說「露這消息」。自然，禪的起源的朕兆，可說發見於這句話裏；然尙不得說爲已得到正鵠。吾人毋寧以顯現於釋尊自內證的心爲起源，覺得更爲至當。清拙澄禪師斷言以釋尊十二月八日的正覺爲禪宗的起源。不錯，禪的意義及淵源，實存在於此處，其後四十九年的說法，一代的敎化，都從這端的上流出來的，故爲保任佛的眞意，首先務須領得這正覺的意義，禪宗所以又稱爲「佛心宗」，也卽是把正覺爲直指之端的。

二　禪的相傳

上巳述過禪的起源是在於釋尊的正覺，但其傳燈，除大涅槃經所記述外，禪之所謂禪的傳燈，是存在的了。至於傳燈在史學上，雖成爲問題，然禪自有禪的傳燈大法授受的由來。相傳世尊一日於靈山會上，拈一枝金婆羅華示衆，時大衆皆默然不得其要領，唯獨迦葉尊者，破顏微笑。世尊曰：『我有正法眼藏，涅槃妙心，實相無相，微妙法門，付囑摩訶迦葉。』卽禪宗的開宗明義第一章的「拈華微笑」是。但其原意到底是怎樣呢？釋尊與迦葉的大法授受，擧行於這拈華微笑心心交照之間，迦葉就在這裏成爲傳燈的第一祖。在神秘方面說，恐怕是神秘中的神秘吧？雖然，禪的傳燈，如帝王行王位禪讓之禮，運用被象徵化了的物上而爲傳承、從其所想像而發生，所以釋尊與迦葉，完全以公開的授受，共同着眞生命的開展，絲毫沒有隱秘，故決不是神秘的授受。把這視爲神秘，是未透徹的第三者，因爲自己的心眼未開的緣故。關於宗教的傳承，是靈的生命的傳承，在這個生命所有者之間，是自然首肯的。這也是禪宗的傳燈與其他宗派不同的特有之點。

禪法的始傳，自釋尊與迦葉間授受以來，法的無縫之靈塔，於是出現於這個世界的宗教界。自此二十八傳，成直指單傳的禪宗。然光耀於中國佛教界的，是始於菩提達磨的傳入，故達磨遂為禪宗的初祖。達磨嗣法於般若多羅，自印度而來中國，先會見梁武帝，武帝問佛教的第一義，被喝破「廓然無聖」之旨，這是最簡明地表示了第一義的眞義。號稱佛心天子的武帝，竟莫能理會，於是去而之北魏嵩山少林寺，只管打坐，以表示心靈自覺的模樣。幸得碩學而熱烈的求道者慧可，傳授以心法而為第二祖。

慧可「斷臂求道」的佳話，傳遍於古今的禪林，這是關於熱心求道的故事；同時也證明了因於放身捨命的努力，始得開發着心靈自覺的大道，其傳法是依於「不可得」「安心」而得的。

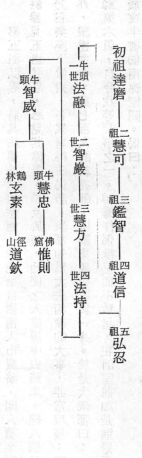

自慧可傳法與三祖鑑智，智傳四祖道信。道信以下，法燈分為法融弘忍二派；弘忍為正系，法融為傍系。法融的法系的流傳，為智巖、慧方、法持、智威。智威下出慧忠、玄素等，慧忠下有佛窟惟則；玄素下有徑山道欽；後世稱法融一系的禪，曰牛頭禪。圖示如次：

初祖達磨——二祖慧可——三祖鑑智——四祖道信——五祖弘忍
- 四祖道信——牛頭一世法融——二世智巖——三世慧方——四世法持——牛頭智威
  - 牛頭智威——牛頭慧忠——佛窟惟則
  - 牛頭智威——鶴林玄素——徑山道欽

道信示寂，當時法融在牛頭山領徒衆三百餘人，門風甚盛。這一法系在中唐時，日本的傳教來中國留學，得法於脩然傳至日本，傳敎融合圓、密、禪、戒四教，創開了日本的天台宗。

第五祖弘忍，將其法傳於六祖慧能。慧能始自嶺南入市賣薪，聞人讀金剛經而省悟，直登黃梅參見五祖弘忍，忍見其偉器，恐及於害，乃使之入碓房中去踏米。經八個月，知其機已圓熟，乃召集座下僧衆，各試呈得法偈語。衆都知爲大法相續的大事，非常喧擾；時神秀上座，學通內外，識達古今，爲七百人的教授師，所謂集衆崇敬於一身。於是大衆都曰：「神秀上座，必得法爲第六祖，自今我等師事之」。神秀作偈欲呈而不敢呈，在師室前如是進退至十三度；不得已，於夜半書偈南廊壁間。偈曰：

『身是菩提樹，心如明鏡臺；時時勤拂拭，勿使惹塵埃。』

五祖一見，稱讚之曰：「後世若依修行亦必得勝果」；各令念誦。

慧能在碓房聞之，問童子曰：「此是誰人之偈」，答曰：「秀上座所作」。慧能曰：「美則美矣，了則未了」。夜件童子到南廊，使書一偈於秀的偈側。偈曰：

『菩提本無樹，明鏡亦非臺，本來無一物，何處惹塵埃。』

禪「無一物」的典據出處，就在這偈中。吾們好像一提及「無一物」，就是禪；一提到禪，就是「無一物」；常速斷地把禪和般若哲學作等量觀，同時在一般學者間，也往往將禪的教系說爲般若；實際，禪是禪，不是般若的流系。慧能的打破菩提，否定明鏡，是表示其極處，可是否定的極處，有着更高的肯定，所以後人展開地說：『無一物中無盡藏，有花有月有樓臺。』明白了這種意義，也自然明白禪非般若哲學的空觀；同時，慧能的「無一物」，是不專限於否定方面，也可以理解得到了。

更把上述過的兩人偈語比較來看：神秀的偈，是依於修道的方面來說；慧能的偈，是根據徹悟自心來說；所以第六祖的榮冠，終落在慧能的頭上，這是分所當然的。五祖一見慧能的偈，潛入碓房問曰：「米熟也未？」慧能曰：「米久已熟，猶欠篩」。五祖乃以杖擊碓三下而去。「米熟已久猶欠篩」，這是說：雖悟道已徹，卓立無依，靈靈不昧，尚未得師之印可。故慧能三更入室，受達磨正傳的衣缽，爲第六祖，自釋尊以下，爲第三十三世的傳燈者。

神秀後來也得五祖之法，住江陵的當陽山，受則天武后的歸依，王公大官，無不崇敬，德風所及亦大。尤其是到了中宗卽位，禮遇備至，道價與聲價同高，遂爲江北禪風樹立的第一祖，深爲人敬仰。神秀門下，頗出高德，若巨方、道樹、普寂、智封等卽是。玆圖示其法系如下：

- 五祖弘忍
  - 六祖慧能
  - 北宗神秀
    - 普寂
      - 道璿——行表——日本最澄（或云：最澄傳「牛頭」「北宗」兩系的禪）
      - 惟政——志眞
    - 智洗
    - 慧安
      - 破竈墮——俊極
      - 道亮

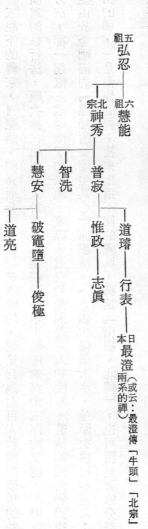

五祖下的禪宗，自慧能、神秀而分派。特別有趣味的，便是身爲七百人教授師碩學的神秀，主漸進的修行法，順次拂拭煩惱以入於菩提；標榜着一字不識使做舂米工作的慧能，不用什麼手段方法，卻一超直入地透徹了如來地。實際，這自然是照着各人的性格。若論其開悟的因緣：一方是由於金剛經的『應無所住而生其心』而頓悟，一方如前偈語所示，是漸次拂拭而悟入；一是頓悟的禪，一是漸修的禪；後來把這不同的禪風，稱爲「南頓、北禪」，也可說是禪宗分派的開始。

五祖的禪風，這樣地分南北兩派，其後高僧輩出：五祖下有慧安、玄珪；六祖下有青原行思、南嶽懷讓、永嘉玄覺，崛多三藏等；牛頭下有智巖、慧方等；造出了禪風勃興的氣運。

自唐玄宗開元元年，到代宗寶應元年的五十年間，是盛唐的時代，是唐代文化中心的時代；同時也是禪宗興隆的時代，是正系禪法分派開始的時代，在傳燈史上，實是大可注目的時代。六祖慧能，在開元元年，以七十歲的高齡而遷化，在其門下的如上所記之外，還出了荷澤神會、南陽慧忠等高足。其中以青原行思、南嶽懷讓，更爲優秀，大師正傳的禪風，至是，分爲曹洞與臨濟兩大派。後世的雲洞、雲門、法眼三派，出自青原下；臨濟、潙仰二派，出自南嶽下。自臨濟經興化存奘、南院慧顒、風穴延沼、首山省念、汾陽善昭、石霜楚圓，出現了黃龍與楊岐兩宗，即所謂「五家七宗」，漸次分派。但在盛唐時代，唯青原與南嶽二派，其他各派尚未出現。更自中唐時代——即代宗廣德元年到文宗太和九年，這七十二年間，若舉其大德：如馬祖道

一、石頭希遷、徑山道欽、南泉普願、天皇道悟、藥山惟儼、百丈懷海、龍潭崇信、丹霞天然、趙州從諗、雲巖曇成、鳥窠道林等輩出，禪界的風氣，如火燎原地震爍着整個的江南江北。

自唐文宗開成元年，到後梁開平元年，這七十年間，史稱爲晚唐時代，青原與南嶽派下，更分派了，形成所謂「五家宗派」，誕生了前代未聞的大德，呈着錦上添花的偉觀。日本現存的禪宗，卽曹洞和臨濟兩派，就是那個時代結成的禪界二大碩果。在中唐末，華嚴宗的圭峯宗密出世，他深究禪宗，盛唱禪教調和之論；然禪，依然濶步於自己的天地。在青原系下出藥山惟儼、雲巖曇成、洞山良价、雲居道膺、曹山本寂等；日本永平寺道元所傳去的曹洞宗，實出自洞山良价。又在南嶽系下，出馬祖道一、百丈懷海、黃檗希運、臨濟義玄等；日本建仁寺榮西所傳去的臨濟宗，實受自臨濟義玄。百丈下出溈山靈祐，溈山下出仰山慧寂，溈山、仰山，實爲溈仰宗之祖。又自青原七世孫，出法眼文益、卽法眼宗的開祖；又以青原五世孫的雲門文偃爲雲門宗的開祖。這樣，在青原下，分雲門宗、法眼宗、曹洞宗三派；在南嶽下，產生臨濟與溈仰兩宗；後人稱之爲「五家」。更自臨濟六世孫，出黃龍慧南與楊岐方會，稱爲黃龍宗、楊岐宗。這樣加入二宗，後人通稱之爲「五家七宗」云。日本的禪宗，無論既存與現存，都是汲取七家的法流，以至於今日。依據着這樣的法統而繼續其生命，若法燈失其承繼的時候，自然禪的生命也就消滅，與法燈共同斷絕的宗派，也必告壽終正寢。照這點上說來：禪與其他各宗派顯然全異其趣，是有着特異的地方，同時敎外別傳的眞意，至今仍繼續延長着。

第三節 結論

達磨西來中國，當北魏肅宗南梁武帝時代。佛教是經過譯經時代而進入研究時代，許多佛教學者，都向着高深佛教眞理方面去探求；在這個時代，高唱「見性成佛」與道破「廓然無聖」，以無爲的眞法傳到中國的，是菩提達磨。自黃梅下，分南北兩宗，繼而一華五葉遂衍爲五家七宗。宗風逐日而盛，門葉隨月而繁，於語默動靜中，各使以拔釘拔楔，應病與藥的端的，垂示種種的公案給與後昆。爲其門下孫者，或宣揚宗風，或示長養聖胎，或修纂禪錄編入於大藏，或者記錄傳燈使法燈永傳不朽；能令萬乘之主屈膝三寶，倔強儒家回心向大；以萬卷的禪錄傳至於後代，這不得不說是燈外燈的光輝。在這個時期中——唐梁晉周宋——偉人傑僧輩出者，號稱萬人，禪門的興隆，眞是空前絕後。宋代的禪風，不僅以宗教風靡天下，且浸潤儒學，促成性理學的誕生，而出現了周濂溪、程明道、程伊川、朱子、陸象山等學風，特別的更釀成王陽明知行合一的哲學，這多半不能不歸功禪的力量。試身入禪林而於禪學研究之後，再來閱覽他們的著作，也就思過半矣。

第三章 見性成佛

第一節 什麽是見性

一 總說

佛敎，是自覺中心的宗敎；其目的是解脫，也是根據着自覺而實現的。然自覺若約相對的來說：正與迷相反的悟與證是；可是悟和證，如果在這樣相對的立場上，是不會實現的。何以言之？蓋照自覺的字面說：以自己來覺悟自己的意思，處在煩惱裏頭的自覺旣沒有，煩惱盡處的自覺也自然沒有。那些敎理上所說的，煩惱盡處得顯現其作用；這祇可說是一種理想，現實上是不可能的。所以在禪上，煩惱有也罷，沒有也罷，不管這些勞什子；以突入自己精神的主體，因之發現自然智的作用，來體驗自性，名之曰「自覺」。這種境界，卽在凡夫的立場上，相反地將自性爲主，煩惱爲從；自性，是把煩惱作爲自己的所有物，儘量地使役着；煩惱，是成爲必需不可缺的東西，全成爲智的活動，所以這自性就於主體的自身發生解脫。解脫，因爲是無纒縛的意義，所以隨處發見到「自由」與「獨立」，禪的最後的目的，正是在眞自由眞獨立處領得。禪的自由與獨立，卽解脫的意思，這和現代所使用於政治學上、倫理學上、神學上的自由與獨立，全異其意義。禪是指佛敎上所謂的生死涅槃、煩惱菩提等，離卻一切的對待，也沒有什麽絆累，超然獨脫的境界名爲「獨立」；就一一的立場上，自在無礙地發揚自己的精神以順應社會，更無所滯的曰「自由」。於是也有把這獨立的立場曰「無位眞人」或「絕學無爲閑道人」。所謂無爲，是脫卻佛位及凡夫位的意味，就把這個位置加以「眞人」之號；絕學，照字義上是不拘束於眞理的硏究及各種的修行的意思，故名之曰「無爲」或「閑道人」。在這裏是無菩提可求，無煩惱可斷的境地，所以又把這種境界名之曰「神通游戲」，或「游戲三昧」；同時，這是自性本來的生活，於是把這樣超脫的心呼之曰「禪」。

禪，是以獲得這樣游戲三昧的境界爲第一要件，所謂「見性」，卽徹見自己本來心性的靈機；換言之，離開一切執着，超越一切矛盾，觸着普遍適當的大我的作用是。宗祖達磨來中國，舉揚了直指人心見性成佛，也唯傳這見性之法使之實現獨脫自在的境界而已。是以欲要得到禪的人們，不論學者或非學者，任何人也須首先透過這見性的關門。禪的見性占有這樣重要的位置，是務必透過的關門故。所以成爲古今參禪的第一要件，現在所以提出什麽是見性的問題，其原因也正在此。

見性，是已被稱爲禪的生命了，可是現在若更進一步以追究其內容，便是屬於所謂冷暖自知的境界，卽欲來說明它也是不可能。也如前說過的唱出不立文字教外別傳之旨的，正是闡明了在經典之外別傳持着釋尊的眞生命，與其他宗派的祖師異其趣的。假使問：什麽是教外別傳？也祇得說：見性是禪的生命，禪是宗教的極致，而這生命與極致，是屬於大悟的內容，絕非言說相所能表現，唯自己突入了自己的內生活，直覺了活躍活機的全體之外，更無他道。所以者何？因爲自己內生活活動的妙機是事實的，不是像經典上所記錄的那樣，想把這事實依賴着文字來表現，到底不可能。日本聖一有言：

『修多羅教，如指指月。未見月者可依指，見月之後指亦無益。未悟佛心時可依教，若知見佛心時，萬法皆歷歷於一心；悟了一心之後教亦無用。祖師言句：如敲門之瓦，未入門時提瓦，旣入門後提瓦何為？』（聖一假名法語）

這樣的語句，在楞伽經、圓覺經、及其他的經典中也說着。這些經典的話，並不及佛陀自心內生活的那樣現實，言語文字上所表現的意義，要描寫出現實的眞相，畢竟是不可能的事，所以大悟的內容，除卻直覺的知來體驗外，更無別徑可求。

二　見性的典據

見性成佛，不一定始自宗祖達磨提唱的句語，在大涅槃經等也曾有過這樣的話頭。如經中說：『昔善星比丘，雖誦得十二部經，猶自不免輪迴者，爲未見性故。』又謂：「了了見佛性，猶如妙德等。』這些話，在別的經典裏也有。達磨血脈論曰：

『若要見佛，直須見性，性卽是佛。佛是自在人，無事無作人。若不見性，終日忙忙，向外馳求，見佛元來不得。』

在前已述過以臨濟的無位眞人，闡明自由和獨立的意味；亦猶達磨說之爲「自在人」，「無事無作人」；也與前說的「絕學無爲閑道人」同樣的意義。禪的見性，卽成佛之端的，於這些上也可明白。現在更舉古人依見性而悟的事，如六祖大師壇經中說：

『善知識，我於忍和尚處，一聞言下便悟，頓見眞如本性。是以將此敎法流行，令學者頓悟菩提，各自觀心，自見本性。』

六祖大師，是最眞摯的求道者，依止於忠實的五祖弘忍的指導而見性，要把這法流傳到後世，使都同自己一樣見性。達磨到中國，是梁武帝普通元年，慧能示寂在睿宗先天二年，雖相隔約兩百年，可是仍然以見性爲禪的中心。有人說：見性成佛的話不是依於達磨提唱的；若然，那末從達磨到六祖一貫地作爲禪的中心生命，憑之而修行的，也應失卻根據了。六祖以下第四代法孫藥山惟儼，問石頭曰：

『三乘十二分敎，某粗知；嘗聞南方人稱直指人心見性成佛實未明了；伏望和尚慈悲指示！』

這是藥山在學的時期問石頭，遂心伏石頭的答語而爲他的弟子。又法眼的十規論曰：

『祖師西來，非以有法可傳至此，但直指人心見性成佛。』

皷山晚錄中說：

『達磨大師西來此土，不涉名言，不立修證，唯直指人心，見性成佛。夫心本無形，云何可指？性本無相，云何可見？佛本自現成，云何復成？其意祇是因衆生妄起諸見，迷却本心，故渡海西來，息其妄見，還得本心。』

照皷山的說法，大概是指出達磨的西來意在什麼處，是以見性成佛爲宗旨，爲根幹；所以如敎學的研究，全不被顧及。

三　見性提示的理由

見性的提示，有兩種理由：一是外的，一是內的。

外的理由：卽達磨西來時，中國佛敎界當時的狀態。中國自後漢明帝時佛敎傳來，到達磨時約五百多年，這時佛敎的趨勢，已經過了翻譯時期而進於研究時期，所謂競相判敎立宗而不顧及自己的內省，祇埋頭於客觀的研究，疏遠了佛敎中心生命的解脫的獲得，墮在戲論中去。於是達磨特提示佛敎的本旨，不在經敎，唯求在自己的解脫是務。所以圭峯宗密說：

「達磨受法天竺，躬至中華，見此方學人，多未得法，唯以名數為解，事相為行。須令知月不在指，法在我心故。但以心傳心，不立文字，顯宗破執，故有此言；非離文字，說解脫

也。』（禪源諸詮集上）

又達磨傳云：

『昔如來以正法眼藏付大迦葉，展轉至我，我今授之於汝，汝善護持，勿使斷絕！並授汝袈裟，以為法信，各有所表，宜可知矣。唯恐後世以我與汝異國，或不信師承，然時汝當以此定其宗趣。吾逝後，法雖大榮，知道者多，行道者少；說理者多，悟理者少。』

這是達磨洞見了時代的情勢來告誡慧可的話，不顧實行的傾向，也正是理論的權威高漲的時代。達磨為破這些弊習，以佛教本來的立場，使之一一還歸於自己，而得釋尊的眞生命；故特標榜見性一語，而開創了禪宗。和達磨同時代的蔣之奇序楞伽經的文中說：

『至像法末法之後，去聖旣遠，人始溺文字，有入海算沙之困；而於一眞體，乃漫不省耳。於是有祖師出焉，直指人心，見性成佛，以為敎外別傳。』

這也是舉出時代的弊風，以顯達磨西來的使命。明白了上面所引用的各種例證，不難知道達磨時代佛敎界情勢；同時也知道了達磨之所以提示了見性成佛的意趣。

所謂內的理由：是修道者自己直接的問題。不與行並重之學，自佛敎本來的立場說，自然是偏務的，因為三學中缺卻戒定，可說是趨向於變則的軌道上去。何以故？明白佛的眞理，原在開自己的佛之知見，於生死中得其自任，轉而使他人也同自己一樣，因之發起了自覺覺他覺行圓滿的理想。這裏最要的問題，當然是斷惑證理，縱使有頓漸的差別，但應該把這置於第一問題的，無論那一宗派，都是一樣的。可是重學輕行的風尚，不始於達磨來中國，甚至佛世的時候，也有偏重於理論的考察或戒行的謹守，不離有無死生的見解，這些人是被佛呵責爲迷倒衆生。卽使怎樣地埋頭於經敎組織的研究，或哲理的研究，縱使了解眞理而不得解脫，自不得名之爲達到修道的目的。何況眞理不存在於文字上卻是存在自己的心內，所以不得自心的眞理者，成佛是不可能的。楞伽宗通中說：

『若頓悟本心，一超直入如來地，開佛知見，得自覺聖智，三空三種樂住，所謂禪定菩提涅槃。如來依此而住，成辦衆生，不可思議，無作妙用，如恆河沙，大不可思議；此從妙境發起慈悲喜捨四無量心；故云如來清淨禪也。』

又宗密說：

『若頓悟自心本來清淨，元無菩提，無偏智性，本自具足，此心卽佛，畢竟無異。如此修者，是最上乘禪。』

由是得知：見性，是宗敎的內生活的根本要諦。這種內生活的反省，在宗敎的立場上，任何時代，也是被認爲必要的。

第二節　衆生性

一 修道的出發點

釋尊成佛的緣由，學佛的人應認爲是根本問題；這問題不專是佛陀的，而且應是人類一般的問題。何以故？如世人所謂宗敎上神的有無，或性質價值等，這不是神學上的問題，應認爲是人類自身直接的問題。如不好好地熟思精慮，那就不能發見到宗敎的出發點。現在以禪爲自覺中心的宗敎，所以對這問題的考慮，直接向禪上究其出發點。這意義完全根據佛傳上探究釋尊求道的歷程，第一便是那所謂「人生是苦」的現實的實感。然苦是結果，不是原因，若沒有原因，應沒有結果；由於原因的探求，是去苦得樂轉向的第一步。這不徒爲理論的問題，是事實的問題。釋尊一方碰到苦的問題擋住去路，一方就凝視着苦，探求這苦的所以；於是在這苦上被發見了原因，就是「集」。苦，是由於精神上各種慾望與客觀環境的集合，強固地成立「自我」的觀念，於是出生了苦的現象。是故自我的觀念，是苦的間接原因；各種慾望，是直接原因。那末，這些原因，怎樣可以滅除呢？這是必然緊接上來的問題。因這是最重要的關頭，意識的轉換，生命的革新，都與這上有着關係的。照事實來說：如不能滅苦，縱使怎樣地在哲學上研究眞理，明白了涅槃的境界，祇是得到這些概念罷了，什麼生命的革新，意識的轉換，也自然是必不可能。在這裏，釋尊以四諦八正道如實修行的法門敎給弟子們，而且這不是一種敎條，是用自己的經驗爲基礎，而指示每人可趨向的道路。是以這種方法，唯在實修的人，能發揚其價値與光明；若後世的佛教哲學者，比較大乘各教，試着種種的論考，判定種種的優劣的學問，雖然，這固有其使命，但其態度，那自然是錯誤的。實修的價值，祇有實修的人是知道的，不是推論者知識上所得的問題。唯靠着這樣實修，始能實際的達到意識的轉換，生命的革新，實現了涅槃的滅；是以涅槃決不是專仗說教者可得，必是實修者到了轉換或革新圓熟的時候，自然而然地顯露。顯現眞理者，爲是眞理的本身的緣故。

苦集滅道四諦觀，不局限小乘佛教，通爲大小兩乘的根本問題，除開這便無佛教，故佛教都用這爲標準，而加以一一的教理化，實際，不過是四諦的放大而已。就是大乘教方面說：由於那種哲學化而發生出種種問題，隨之於滅諦上所顯現了的本來究竟原理的法體，被變成了神格化或實在化而爲信仰與原理；可是佛教的本質，照理是沒有相異，這樣那樣，總不出轉迷開悟。就是禪宗也一樣，出發點是起於「人間苦」，向着苦惱解脫的理想，而踏進見性的道路。

二　苦惱與公案的使命

釋尊的宗教，是依於釋尊苦惱的自覺而產生，吾人的宗教，也祇是由於吾人的自覺而建立。假如有人做着這樣思索的時候，並沒有苦惱的自覺，那末宗教對他是不會發生的，而且連宗教的必要也是沒有的吧。苦惱，是宗教的母胎；自覺，是開解脫大門的鑰匙。這是釋尊擧苦諦爲四諦的第一諦，提倡其自覺的所以然。無論怎樣高深哲理的大乘教，或深奧秘妙靈性開顯的禪法，其發足的第一步，無不始於此處。假使不把起點擱置在苦的自覺上，專門馳思於理想境，不墮於學說的研究通弊的概念游戲，便易陷於觀念生活中去，欲得涅槃，決不可能。釋尊曾屢屢的教導弟子們：「唯以一事告汝等，人生是苦自苦，得解脫。」假使釋尊以依宗教是可以不勞而得到幸福，滿足低官能的享樂的；那末，恐怕不會直率地發出這樣的話吧？又覺得如果依於一些什麼神秘的氣氛，甘心於過着宗教陶醉夢遊的生活，也決不能發出這樣深刻的語句。更以爲假如賴着幻影似的神的恩寵而求救，那也不會有這樣眞摯的態度的吧？因是，就在弟子們，也都是以從苦惱而得到解脫爲理想而相勉勵。大乘佛教最高原理的眞如性，或各種緣起觀，無不起於苦惱深刻的觀察而開展出來的說理哲學。苦惱的考察，是大乘小乘第一的總課題，除卻這個，便無門可進入於佛道。臨濟說：『大德！三界無安，猶如火宅，此不是你久停住處！』這和法華經譬喻品所說的一樣；可是禪的三界是指着貪瞋癡的現實社會，與印度的世界觀全異。試把現實的社會除了遊戲的、享樂的觀念，那就無須要說明苦惱的社會。然而這苦惱的人生怎樣發生的呢？禪的無我思想的基因，就存在於此。照佛教所說，吾人的行爲及思想是不滅的。就是一種被思索過的思想，原是一剎那的時間，可是一直下去是不會湮滅的；同時在行爲方面，不僅止於剎那的活動而已，也是沒有告終的；實際似乎早已消滅，早已告終，唯行爲的自身，有其自身的性質，影響於無限的空間上遞邅着展開，傳播在無窮的時間上繼續着下去。佛教所謂業的原理，意義就在這裏。吾人考慮自己的思想行爲，是已吞滅於過去了，可是與這業相反對的另一面，是最公正的審判者，必定說：其結果在於將來。照這種意義，業的善惡，不可不說是吾人苦樂的分歧點。那末，決定吾人的行爲及思想的是什麼呢？當然是意志。意志，也可說本來是自由的，但那也是有程度的，不是絕對的自由。畢竟人類是自然界的存在物，被自然界的法則所支配所拘束的，有時欲行善而不能，欲廢惡而不得，不欲死而死必然的到來。業，是依着這樣不自由的意志而造就的。假使如自然的法則似的完全就是這樣，是永遠不變的，那末所謂禪或宗敎，是成爲不必要的東西了。然而禪，在此處給與以醒覺的光，調和的力，征服了這意志，使不自由的爲自由，使舊習轉換爲清新。公案的使命，就存在於此處。趙州和尙說：『我使得十二時』，不外說：是征服了不自由的意志，得自由支配的意思。臨濟也說：『不隨萬境轉，轉處實能幽』，也是同樣的意義。然則怎樣可以把意志征服調御下來呢？這不能不進一步來考察爲意志生活的母胎的「自我」了。

人類生活的策源地是意慾，沒有這個意慾的地方，也就是沒有人類的生活。以這意慾爲基本，工作着一切的生活，因是可以說：所有精神的現象，都成爲意志的形態。普通說法，決斷的作用曰意志，那是僅說及否定的或肯定的精神上所現起的欲求而已。照這樣說法，沒有欲求的時候，意志作用應不會發生。然有時意志自然的起了欲求，在欲求似乎判斷所現起的一些事象。這樣來考察，好像潛伏着一種惑的東西，佛敎上所謂無明，大概就是指這種惑。曰無明或曰惑，都是缺乏了智的作用，所以呼之爲「盲目的意志」，這是極自然的了；換言之：就是於宇宙及人生的眞相，缺乏了明智的觀察的意義，更依之展開而造成了強固自我的觀念。所謂自我，意卽是對於自己的存在，以爲是眞實的本質的存在，而且不斷地以自己作爲支配者的觀念，名之曰自我；假使自我的東西是實有的話，那當然是恆久的東西了，若是恆久的東西，自然沒有生滅變化的。然而吾人的肉體與精神，雖一瞬之間也沒有同一存在的東西，前刹那的精神作用和後刹那的精神作用，雖似同一，實則相異。那就是佛敎說的「是無常」，「是無我」。

本來自我的意義，自氣息的「息」字轉來而成爲「眞靈」、「靈魂」、「自我」等。自我思想，原是印度哲學思想的中心概念，由於學派及時代的不同，也有着多少相異，可是已成爲哲學的本體論，且很發達，幾已達於頂點。但釋尊對這種論理的構想而成的思想，絕對的否定之，謂自我構成的要素是「五蘊」；「蘊」，是積集義，依五種要素的積集而被造成的就是人。且所謂自我者，就是指在五種要素上刹那刹那地不斷變化着的概念的存在的名稱，不是固定的存在。這是無我論的主張。但是吾人由於迷習，不管事實的眞相，祇是認我是實在的，更依之而認爲常住，終之甚至萬有無常也不明白。這種不合理的認識，根據着什麼而發生？從這片面來說：因這不合理的認識，產生迷妄的生活和執着的煩惱，更生苦惱。又從苦惱上起迷妄和執着，自然苦惱更生苦惱。在這方面，不可不進而探究這不合理的根本的東西。

在佛敎上說到一切煩惱的根本，名之曰無明或渴愛；這是潛在吾人的內性最有力而最難拔除的東西。所謂渴愛，是指求着無限久遠而沒有止境的慾望，無意識的活動，而且是最不易制伏的衝動；例如把無常的對象而思惟爲常住永久的被牽引而生愛着，拚命似的追懷着的感情等。綜合着這樣盲目衝動的慾望，名曰渴愛，甚至視這種慾望是本能的運命的慾望，所以這是人類感情的根本，是人間生活的策源地。所有的感情，都從這渴愛織出種種的妄念，演成一幕一幕的悲喜劇。不可行而行，不可求而求，難離的心情，難斷的愛着，不能制止的意念等，都是根據着這渴愛的作用。這些盲目的慾望，製造出吾人迷妄的生活，苦惱的人生，是不能否認的事實。實際，肉體的自身，既自多種要素合成而存在，且是一時的而非永久性的，可是卻被想作似乎是永久的存在，所以這種情念，名之曰無知，曰無明。這種愛着的衝動，不祇是人類的，即在自然現象方面也可見到。例如各種草木巧妙散種的方法，昆蟲的保護色等，都是無意識的生命衝動的發動。爲要保存一一個體的生命的衝動，都爲着生存，這是先天的生命慾望的結果，就是人類和那些動植物也見不出有何等相異。這些一切的存在相，是慾望所產生，離開慾望就沒有存在相，所以我們一認識自己的存在相，慾望卽刻發動而覓取對象，進之而希望滿足其慾壑。然而一追求這對象而活動的時候，貪欲、瞋恚、愚癡、憍慢、疑惑、邪見六種煩惱，就開展出來。「貪欲」，是不根據於意志的欲望，是生命衝動的根基，是中心。一切的所有欲，就根本於此；因貪欲的活動而發展開盲目的所有欲。「瞋恚」，發動於不適意的環境；不適意，卽意志不得滿足；換言之：是所有欲不得滿足時的忿怒。又所有欲的發動不外兩種：卽人與物是。對人，多爲支配欲，不滿足時，消極的陷於悲觀，積極的發出忿怒，悲觀的隱處也是潛伏着忿怒，所謂沉潛狀態也者，不過將忿怒捲入心渦的深處而已。故瞋恚也不過是貪欲的發洩的惱念罷了。「愚癡」，全是缺乏知性知力的活動物，是不明曖昧的心情，沒有自覺力。第一如對於自己存在的合成體，非永久性的一時的存在而不能自覺。又如在學問方面說，因爲研究種種的事象，是不得達到眞意義的眞理的；可是學的人偏以爲在自己研究範圍內的眞理，是眞的把握着眞理了；這也是一樣的被圈在愚癡圈內，這可說是「知的病」。「疑惑」，是意志不決斷的作用；當然，意志一盲目，這種心理現象的作用就會出現。最後說到「邪見」的意義：這是除卻上面五種煩惱外便沒有根據的東西，以前五煩惱爲基本，從這立場上來認識一切事物，自然都非正見，是不合理的。以這樣來檢討吾人的思想，無非邪見而已；邪見上現出所有的事象，祇是苦惱的生活，矛盾的人生而已。而且這六種煩惱是相纏相縛沒有脫離的狀態，恰像飛行機上的推進器似的，一轉向時同時其他的也跟着轉向，互相爲主伴的不斷地維持着活動，無論什麼時候，都是構成了中心勢力的力量。是知自我構成的要素，就是六種煩惱，除此以外，絕對沒有另外的存在「自我」或「靈魂」。而六種煩惱的基本，便是意慾。自我的根本的要素既是這樣盲目的衝動的，那末自我是持續着苦惱下去，也是自然的了。

依於意慾的盲目衝動而發生的苦惱，是否永遠這樣的作用下去呢？假使完全容認了苦惱畢竟是苦惱的，那末便沒有問題可言；可是由潛伏在深處，活動着向相反方面的一種樂的意志作用而實感到苦惱；實言之：認識苦惱，是由於樂感的反射作用而現起的。於是我們得知在中心意欲的一面，同時也潛伏着眞實的合理的意志，這，也可名之曰自覺。在大乘起信論中把「阿頓耶識」

從「覺」與「不覺」兩面來觀察，說明了迷妄開展與覺悟開展的狀態，這是頗有深義的；可說是抓住了苦樂明暗的核心。如起信論說：祇依於覺的作用，便能體認得不覺；所以知道苦是苦的體認，不是苦的自身，而是依於樂的心理作用體認出苦感及苦相。在這裏也就有運用禪的公案及坐禪的行法的處所，被發見了自苦向着解脫的轉捩點。古人說的「此身不向今生度，更向何時度此身」的意義，也就是向於解脫的契機；「度」，卽是發足到達自由鄉的意思。所謂衆生，就是處身於苦與樂，迷與悟，纏縛與自由的分歧點上者是。若這樣的考察，在我們的面前，便覺得展開了一個大莊嚴的理想界，祖師傳燈的法光，正形成一個大圓蓋照在我們的脚跟底下似的。

第三節　佛性

一　總說

在前面曾說明了的：確定了依苦惱而生的原因與苦惱生起的關係，同時也說明了依於覺的作用體認出不覺，而向於解脫的契機。現在更進之以說明心性的意義如次。

「心性」，是禪的中心問題，同時也為東方哲學的原理。無論在印度中國或日本，都被深深地研究着，東方哲人，都體驗了這心性，藉以處世、立行、安身。是故心性之爲物：時而成爲道德的原理，時而成爲宗教的歸宿，又有時被作爲藝術的基本；先哲所立的，無不依此爲根本。這心性：在禪宗曰本來面目或正法眼藏；在蓮宗曰本性彌陀；在孔子曰天理；在老子曰鬼神；在易經曰太極。名雖有異，實則不外同一心性；在整個佛敎上也是一樣。唐裴休有這樣的話：

『夫血氣之屬必有知，凡有知者必同體；所謂真淨明妙，虛徹靈通，卓然而獨存者也。是衆生之本源，故曰心地；是諸佛之所得，故曰菩提；交徹（凡聖）融攝（事理），故曰法界；寂靜常樂，故曰涅槃；不濁不漏，故曰清淨；不妄不變，故曰真如；離過絕非，故曰佛性；護善遮惡，故曰總持；隱覆（真如隱覆在藏識中）含攝（含攝恆沙性功德），故曰如來藏；……，統衆生而大備，爍羣昏而獨照，故曰圓覺；其實皆一心也。』

照這樣說，心性就是一切衆生的本源，同時又是佛所證的圓覺；所以我們修學佛敎，除學習自己的一心以外，更無別的理由可說。而六祖大師，提示着更高的見地，把「本來無一物」來表現這一心。那些所謂菩提，涅槃，眞如，圓覺，不過是一個概念罷了。說之爲「無一物」者，意在表現出卓然的獨立的風光，這也是爲度衆生，更沒有什麼方法可以表現的意思；同時也是表示菩提自性，是本來清淨的。天桂釋之云：

『夫菩提自性，本然清淨，虛靈空妙，而離名相，絕理智，故道極者，稱曰菩提，乃是自心異號。故經云：「欲知菩提，當了自心，若了自心，卽了菩提」，心與菩提真實之相，畢竟推求俱不可得，同虛空故。菩提無所證相，無能證相，菩提畢竟無諸相故。乃至一切智智及菩提，從心而生，心之實相本清淨故。』

自性是這樣地絕對清淨故，絕不得作爲理智的對象。二祖慧可大師向達磨說：「求心不可得」；與達磨說「我爲汝安心竟」，也就可證明了。明敎大師壇經贊曰：

『夫妙心：以修行不可成就者，證得而不靈明者，本來圓明，本來靈明也。』

是這樣超越的，離一切相對的名相及概念的東西，所以想說明其內容與外形，是不可能；玆試依體、相、用的三面觀察之，也不過彷佛而已。但體相用三，是一體的三面，要劃然地區別，也自不可能，所以雖有患着重複之點，也是不得已的。何況禪是不同其他宗派敎學，像那樣來注重明確的區別；禪是注重向着自己內心來探求的，現在特來說明，不過是一種權宜的手段罷了。

一　實體

照着禪的體驗來說示的心性，是越超的，無一物的，前已述過了；但其實體也似可被舉示出來的，如黃檗希運的說示：

『諸佛與一切衆生，唯是一心，更無別法。此心無始以來，不曾生，不曾滅，不青不黃，無形無相，不屬有無，不計新舊，非長非短，非大非小；超過一切限量、名言、蹤跡、對待。當體卽是，動念卽乖。猶如虛空，無有邊際，不可測度。唯此一心卽是佛。』（傳心法要）

由是觀之：佛與衆生的本體，同爲一心，而心離生滅，永遠恆久。沒有有無新舊長短大小的相，以永遠的實在爲自性的本質，且本質的存在，說之爲「當體卽是」。這是說明禪的直接的指示，和教學的解說有其不同點。「當體」，就指現在一念的當體，問的是當體，答的也是當體；在當體的心稍一動念，就墮於相對，生滅也就這兒現起。所謂「動念卽乖」者，就是以一念不生之端的，叫做不生滅心。雲居禪師，也曾說過這樣話：

『清淨之性，本來湛然，無有動搖，不屬有無、淨穢、長短、取捨，體自脩然。如是明，名見性。』（雲居語錄）

所謂「脩然」者，是統一着一切意識，離卻動搖的意思。以不生滅爲心自體，自無動搖，但一染上客觀性的意味，不免動搖，所以在這兒須有統一的必要；然而這不過是還元到不生不滅心而已。不生滅心，照文字說來，離一切相，離生滅兩面而具有超越的意義，這自然是寂然無爲；得此者，必自一切得到解脫的心。關於這種境界，在頓悟要門論中說：

『問：心住何處卽住？答：住無住處卽住。問：云何是無住處？答：不住一切處卽是住無住處。云何是不住一切處？答：不住一切處者，不住善惡有無內外中間，不住空，亦不住不空，不住定，亦不住不定，卽是不住一切處。只箇不住一切處，卽是住處也。得如是者，卽名無住心；無住心，卽是佛。』

「無住心」者，是能自一切上得到解脫的心，故卽是眞解脫眞自由的意思。在禪方面說：「無佛處不得住，有佛處亦急須走過」；心境達到這樣，纔可名寂然無爲，得名不生滅心。就在這兒上，發出昭昭靈靈的大智作用。大珠也有和黃檗所說同樣意義的話：

『問：心是何物？答：心是不青不黃亦不白，不長不短，不去不來，非垢非淨，不生不滅，此是本心形相。』

很顯然地示明超越了一切對立的獨立的實相；禪之所以提唱「天上天下唯我獨尊」的精神，也在於此。大珠又自作問答云：

『問：此頓悟門以何為宗？為旨？以何為體？以何為用？答：無念為宗；妄心不起為旨；以清淨為體；以智為用。』

這是舉出清淨心是自性的實體。由是關於「禪的自性實體」，必然無疑地是不生不滅的清淨心。

三　實相

既有實體，那末自有它的形相與作用，無須說明也就可知道了。但因爲心性原是形而上的問題，不能拿來和別的物質一樣觀察的。祇能表示出無相之相——無固定相的無量相，一至說明無量相，「實相」，也似乎可得到明確。現在舉出日本禪宗的祖師建仁寺榮西的說法，他說：

『大哉心乎！天之高，不可極也，而心出乎天之上。地之厚，不可測也，而心出乎地之下。日月之光，不可踰也，而心出乎日月光明之表。大千沙界不可究，而心出乎大千沙界之外。其太虛乎，其元氣乎，心則包太虛孕元氣者也。天地待我而覆載，日月待我而運行，四時待我而變化，萬物待我而發生。大哉心乎！吾不得已強名之：是名第一義，亦名般若實相，亦名一眞法界，亦名無上菩提，亦名楞嚴三昧，亦名正法眼藏，亦名涅槃妙心。』（與禪護國論）

以如此偉大之姿勢來說實相。此卽所謂無相之相，包含宇宙萬有，其大無限，萬物依之始得存在，以之名爲「宇宙生命」亦無不可。宇宙萬有，有此生命，始得發揮其機能，照這樣意義：宇宙，也可說是「心的莊嚴國土」，「心的曼陀羅」了。又無相之相，不一定祇可說大，說之爲極小，也沒有什麼不合理的。明教曾說過大小無相之相：

『心大：至矣羉矣！齡過鬼神，明過日月。博大包天地，精微貫鄰虛。凿而不凿，故至凿也；明而不明，故至明也；大而不大，故至大也；微而不微，故至微也。精於日，精於月，靈於鬼神，而天地三才尚妙矣。』（輔教篇）

說之爲「貫鄰虛」，其微細可知。所以明教不同榮西專說積極方面，是兼舉出積極消極兩方面以示其妙之所以。眞實的實相，因是無相，怎樣地說明，怎樣地取名，也沒有什麼不可。故古人說：

『心性周徧，虛徹靈通，散之則應萬事，斂之而成一念。是故若善若惡，若聖若凡，無不皆由此心。』

在宋儒解釋中庸上也說：『放之則彌於六合，卷之則退藏於密。』依這樣來看，東方哲人心性的考察，大體上無不相一致。圓悟於碧巖集第二十一則垂示云：『大方無外，細若鄰虛；擒縱非他，卷舒自我。』這所謂「我」，與榮西所說的我，同樣地不外心性的意義。這樣，心是可大可小，實則因爲是離名相的相，所以把它叫做實相。洞山說：

『這裏有一物，黑如漆；上拄天，下拄地；在動用中，動用收不得。』

洞山爲避開眞如、法性、一心、眞性等名詞，特稱之曰「一物」，恐怕後人將上面那些名詞好像有着什麼限定似地成爲觀念化，於是用自己特別的語句說出來；把實相形容爲「黑如漆」，不同榮西洞山那樣用大小的語言來形容。我們在這兒也可窺見到禪宗祖師要名狀自己所體驗到的心與心的表現，是怎樣的不易啦。如說「拄天地」，卻不被天地的活動所收攝。由此可知禪的表現法，是怎樣的獨創一格了。

四　妙　用

「妙用」，是一般佛教的用語；禪，把這稱爲機用。禪的機用暫且不談，現在先從普通的用語來說。妙用，自然是指大智的作用，是本體清淨心的客觀作用，那是依清淨心發生的法爾作用。若把這從禪的立場來說：在理論上，一得到根本智，是必然地發現的；在實際上，是後得智完成後纔得發現的。何以故？因爲還元到未分以前的法身，在這兒必然地發現自覺的光明，統一着分裂精神相互的矛盾，把這名曰「根本智」；進一步務有應對着一切差別境界的差別智，把這叫做「後得智」；在這兩智圓滿完成之後，纔能發現，於法爾實相上所起的法爾作用，把這稱爲「大智妙用」。現在例舉兩三古人的話如下：

『汝等諸人，各自有無價大寶：從眼門放光，照破山河大地；從耳門放光，領採一切善惡音響；六門晝夜放光，亦云放光三昧。』（大安禪師法語）

『道流！心法無形，貫通十方：在眼曰見，在耳曰聞，在鼻齅香，在口談論，在手執捉，在足運奔；本是一精明，分為六和合。』（臨濟錄）

『盡十方世界是法門金身，盡十方世界是沙門家常語，盡十方世界是自己光明，盡十方是在光明中。』（招賢禪錄）

『夫通達之人，不用刀而殺人，不用刀而活人；是殺殺三昧，活活三昧。不見是非而能見是非，不為分別而能為分別，踏水如地，踏地如水。若人得此自由，盡大地人奈何他不得，悉絕同侶。』（澤庵大師記）

這些話，自然爲人垂示說的，因爲垂示，性質上是客觀的，自是應病與藥的說話，但已是從中舉出比較根本的東西。大安和臨濟的垂示，意義是相同的。招賢的垂示，從於法上更生了法的人格的立場上來說，如同法一樣是普遍的全體的；那末法的人格，也自然成爲普遍的全體的人格了。如此，則全宇宙都攝在自己的光明中，從這光明的作用，山自高聳，水自低流，都在光明中活動着。我之動處，無非是如來的光明，自己的光明外，沒有如來的光明。若更擧心性本然的光明，古人有着如次的說法：

『初生的孩兒，動手動足，亦是本有自性之妙用也。乃至鳥飛兎走，日昇日降，風扇雲行，萬物遷變，各轉自性本有法輪，不由他敎，無與於文字之力。我今如此說，是我所轉之法輪也；諸人如此聞，是諸人佛性之妙也。』（拔隊法語）

『縱使八萬四千雜念起滅，若當人不取不捨，一念一念，悉成般若神通光明。不只是見，步步為無分別正見然出息入息，聞性觸性，無知無分別，身心一如常寂光明也。故喚卽應諾，是凡聖迷悟一如之光明。此光明本無住處：諸佛出世不出世，涅槃不涅槃，汝生時光明不生，汝死時光明不滅，在佛不增，在衆生不減，乃至迷時非迷，悟時非悟，無方所，無名相，是萬象森羅全體也。取不得，捨不得，不可得；不可得而通身行，上至有頂，下至阿鼻，如此光明，有神明不思議之靈光。』（孤雲法語）

拔隊把自孩兒的動到自然物的動，說是各自轉法輪，而且把自己的說示與諸人的聽法，都說是轉法輪；禪的特徵，在這兒也可見到。孤雲是將般若大智看做本體，是和心性爲同一物的看法，只是異名而已。不生滅的心性不關於佛出世不出世，生死涅槃，而獨自實在，常放光明；就是森羅萬象，都是那光明的姿態的意思，上貫諸天，下徹地獄，都可說是光明。

以上的體相用所表現的，是離開吾人有限的自我心，依無我心而說的。所謂無我，是沒有什麼局限的，如以爲天地與我是有個別的存在，那就是妄見，是依於自我的作用故。在無我上，完全離了數量與迷悟的普遍性，祇有依着這樣的表現法來表現。「平等無我」，是佛敎的根本原理，如上面那種看法所表現的語句，自不能不認爲是適當的。

復次，更把它做爲我們的意識來觀察時：上所說的心性，是爲意識體系的中心，由中心意識的分化，於是發生了哲學、道德、藝術等。而我們也以這中心意識又稱之爲宗敎的意識。可是這裏與一般所謂宗敎意識者，全異其意義。何以故？世人所指的宗敎意識，是總括了關於宗敎的信仰與其實行而言；是和其他方面的成爲日常生活的心理作用及道德、藝術等作用的心理比較區別出來而加以宗敎的名稱的。若照我們的意思來說：其他的哲學、道德等及人類一切生活的中心，是以我所說的宗敎意識做爲基本的；所以其他一切的心理，皆可視爲依於宗敎意識的分化而發生的。這裏，自持有其特別的觀點。

五　物與心

禪宗所說的心性，既不是說與物對立的是心、與心對立的是物的那種心，也不是說心物對立的心的意義；勉強的說：是成爲那物質和精神的根本的心。恰如宗敎的意識，是哲學、道德、藝術的根本一樣；所以依着這心的分化而生起物與心的兩種東西。道元禪師說：

『所謂正傳來之心者：一心一切法，一切法一心，乃至山河大地，日月星辰。』

照這種意義來看，物與心是沒有區別；若自物的方面說，一切都是物；從心的立場說，全體都爲心。依這種看法，物與心不是對立的東西，所以被名曰「妙色妙心」。大智度論把個中消息作如下的說明：

『一切諸法中，但有名與色，更無有一法，出於名色者。然以情見言之，色心二法有異；以理而論，一切諸法，唯心本具，妙色妙心，心卽是色，色卽是心，心外無色，色外無心。互相具相攝，故名不二。』

這樣見解，仍未十分圓滿，要想自二元相對的思想歸納於一元論，這也可說是不得已的方法。原來不二的思想，都豫先想着有二而後成立的，所以還沒有達到物任它是物的看法。論理，是祇能達到物是物的片面，可是宗敎的妙處，看物的自身是超越了論理的，所以越過論理的世界，得入於微妙的世界，眞的宗敎的世界，藝術的世界。又在十二時法語中說：

『非心行法界而成法界，又非法界入心中而法界成心，自互相同，不可思萬物各別。』

這不但祇是說我們的肉體與精神，而且是說心與萬法爲同一。故「悉有佛性」、「草木成佛」的思想亦得成立。道元又說：

『認草木瓦礫為無情，是不徧學；認無情為草木瓦礫、是不飽參。……百草萬木概學有情，不可認為無情。草木如人畜，未明有情無情也。』

以情見觀萬有和以妙心觀萬有，其立場旣異，其看法也自不同。今以離開情見如實的來觀萬有時，無心無萬有，心卽是萬有的生命。在這裏纔維持着自己的個體及爲生存的根基。不但此也，在禪是以天地與我同根萬物與我爲一的，溪之聲，風之音，都是自己的聲音，松之青，蕾之紫，皆是自己的彩色。所以東坡居士，吟出「溪聲便是廣長舌，山色無非淸淨身」的法界詩聲。

這樣，離開自我的立場，從法的立場來看時，一切莫不是法的顯現，名之爲物爲心的，都是法也；將心物對立的看着，不是眞的看法。萬有都是發揮其相應的功能，這卽是精神存在的反證。有情非情的分類，是人類依着自己的作用和其他的相比較，而將顯著的事物作考察的基本；所以在草木方面，自沒有像人類那樣想像的機能，也是事實的證明。這是被道元呵之爲不徧學不飽參的原因。現代的科學，在外形上，得區別人類與其他的存在物，可是談到內面的存在，可說便是不能認淸彼此的區別了。所以在禪觀物，把萬有生命的「法性」與人類的「佛性」，祇就自覺的有無方面而標異其名，至於本質，便沒有什麽不同，故從這一元的立場成立萬物一體觀，不強劃分其區別的。如上面「序說」中擧出白隱的偈語，以「北風、南雁、山月、寒雲」而正視全體自然眞理的活現，法的動躍。

第四節　禪的體驗

一　研究與體驗

印度的佛敎，釋尊滅後，分裂爲進步派與保守派。保守派，照字面看，就是嚴守外形與內容而不出敎團規定的範圍，對於釋尊的敎條，就是以「必從佛制」爲唯一的信仰。進步派則反之，越過必從佛制的傳統精神，外形不必說，就在敎條的內容，也出以自由的考察而試以解剖的。在西曆紀元以前，更加擡頭，試行着外形與內容的變革，在大乘佛敎的旗幟下，針對着保守派的小乘佛敎，顯出獨立的傾向，似隱然地呈露了自成一派的奇觀。大乘佛敎產生的原因，是潛伏在保守派裏，那就是向來的小乘佛敎者，非常守舊，以僧團佛敎爲本位，把正法弘通之道弄得非常狹隘，因之傳播的範圍也被局限住；進步派不滿意於這樣，結果，遂自行獨立起來。如維摩經所表現的，極端地貶斥小乘，終之產生出菩薩的思想。如菩薩道，是進向覺者之道，因爲大乘佛敎的要旨，不是爲自己的覺道，主張自己的覺道須以爲他的覺道做第一步的。根據這種意義的大乘佛敎，可說是向着釋尊正法王國建設理想境的歸元運動；從別一方面看，這是時代化，民衆化的運動；用歷史的眼光來看，是印度佛敎思想的大變革，因之所產生的結果也極其偉大。就是所謂東方文化之精粹的深奧的哲理，崇高的藝術，慈悲的道德，都在這裏發生，吐出未曾有的文化奇葩的幽香。這孕育了濃厚的哲學、藝術、道德的佛敎，在西曆紀元七十四年，開始輸入中國，較早達磨西來四百八十四年的摩騰竺法蘭啓其端，經過安世高、支婁迦讖、曇柯迦羅、曇無讖、康僧鎧、竺法護、鳩摩羅什、實叉難陀、佛圖澄、佛陀跋陀羅等以及其門下僧，把攜來的各種經典，翻譯出來，到了達磨的時代，在全體上說，差不多近於萬事俱備的時期了，同時在研究方面也很盛，議論橫溢，法戰亦甚激烈。告訴我們這個事實的，就是那敎相判釋的續出與立敎開宗的頻起。然而問題也就潛伏在這裏。因爲在外形上發展的時候，往往漠視了內在的眞精神，幾現出偶像化似的傾向。這不獨是中國，就是印度大乘敎隆盛期，也發生過這現象的。換言之：無論那個時代，在議論有權威的時期，實行方面就易被壓倒的；就是修道者，也瞑眩於議論，而迷卻自己進修的方向。禪和敎不同其立場，也就在這裏。敎學，要依據着經典而發見涅槃，於是專靠着經典去。然靠着經典覓取涅槃，這是釋尊的或是祖師的涅槃，不是研究者自身的涅槃。所以涅槃祇被限於作爲一種學說研究的對象，在自己分上不會顯現。自己分上縱使修觀，亦只是一個「涅槃觀」，而不是事實的直接的涅槃；觀，不過全是觀而已，觀並不是涅槃的自身。這樣的涅槃，是概念上的涅槃，在學說上雖有價值，在宗敎上可說沒有什麼價值。

又依着敎相的判釋，雖怎樣地整理了經敎絢爛地繡出經敎之華彩，唯不能把握到涅槃的證果，畢竟不外論理的游戲罷了。從佛敎的目的或佛敎的生命來看，也不輕易地承認那些是有什麼權威的。要之：始終囿在研究範圍裏頭而不得越出，這是佛弟子的通病，所以不可不加以深深地注意省察的。佛敎眞生命，不是學說的建設，而是在於「覺他」的開拓。就是觀察古人敎相的判釋，不祇是經敎的整理，是在以自己堅固的信仰傳給後人，爲給後人以依憑的基礎，樹立出敎學的體系，是示人以可進趨的指針。所以照那些敎相的判釋，見出古人的信仰，在自己也就生出了那信仰。這樣看來，古人那種敎相判釋的精神，不是現在所謂「學說」的建設；是示其本身信仰的組織和給與後人以指導的準則。然而到了後代，似乎找不出古人的眞精神，祇作爲學說研究的對象了。學說的價值如何，是另一問題，可是照着佛敎及祖師的精神來說，卽使學說的價值怎樣高，也是失卻原來的意義本來的價值了。倘能認識出這眞似的要點，那末當然是會喊出革新的呼聲，必然地會敲出一陣陣的警鐘的吧！初祖西來的使命，就在這裏，要使之還元於佛陀的眞精神，使之回頭轉向着覺地莊嚴之彼岸。這就是前面說過的提唱「見性成佛」的所以然。

二　體驗的要求

前曾提到「宗敎的意識」，稱之爲一切意識根本的中心；換言之：是指着知情意未分以前的意識永遠地生存的作用，在這方面來觀察其他的所有意識時，都是這中心意識的分化；現在以爲意識體系中心的東西，說之爲宗敎的意識。可是所謂知情意未分以前的永遠地生存的作用，是什麼意義？因爲我們的意識，被劃分爲知情意三者，互呈着相反的作用，阻礙了統一的作用。具體的說：如在意志上現出善惡，知識上現出正否，感情上現出美醜，都是相反的作用，被阻礙了的統一的中心意識，自不得實現。然而意識的自身，自然地具有着若不實現自罷不能的欲求，這就是永遠地生存着的作用，這就可信爲是我們宗敎的意識的根本的活動。這個一成爲中心，順序地把其他的意識統一着而展開——以是中心意識自然的發展，所以沒有什麼矛盾，完全的眞美善的世界，也就能實現；同時，也沒有物我的對立，自己就是物，物就是自己，絲毫沒有主客的區別。反之，統一若被破壞，意識分裂，就陷於死的狀態，墮於苦的世界。這中心意識，對於統一一切意識的要求，自有它的根本的存在：而這，也就是中心意識成立的要件。

然而我們的欲求與統一，一到大相矛盾時，宗教的要求就在這裏發生：那就是內心出現一種要把一切統一起來的要求。若把這個應用在我們現實問題上來考察，就是說以我們個人的欲望做中心，想把其他的統一起來：這種要求，必定發生在彼此之間起了衝突，內則心理上發生矛盾，外則和別的失卻調和，陷於苦惱之時。就是關於生死問題，也是一樣，內的生命希望無限的存在，可是外的觀念，時時刻刻地感迫着死，於是發生了不死與死的矛盾，想把這個矛盾而起統一的要求的，大概就是死的苦吧？所以眞正的宗敎，必定出以全力要求着自己全體的轉換，生命根本的革新。這，也不外是意識中心的推移。換句話說：把不覺轉換爲覺，轉苦爲樂，轉無明爲明，纏縛轉換爲解脫，顯現出絕對的法的生命。擧個例來說：捨卻個人中心的意識把自己投入於世界，纔能和世界調和融合，呈現出世界的內容的統一意識。使自己依於絕對的「肯定了否定」的緣故。所以宗敎，不允許有相對意識之存在，是純屬於絕對界的，所以宗敎的要求，是人類所有要求中的最高的要求。就禪來說：入於無的三昧時，捨卻自己的「主觀」與「無」的客觀的對立，而一致於「無」的。一致，是絕對的統一，所以懷着絲毫自我的念頭時，那就不得稱之爲眞正宗敎的心境。若把這作爲意識內容的說明時：我們的欲求，是得寸進尺，無有饜足，同時在其範圍與時間，都是具有無限的欲求，結果，呈出多種多樣的現象；可是在另一面，便有着想把這多種多樣統一的欲求。例如一有什麼疑問，便有想來解決的欲望，這就是統一分裂意識的傾向。但這個統一的極致，在宗敎便是佛或是神，在禪便是本來面目。然這個統一，到了主客合一，始達極致；可是這就一般的宗敎意義上說：人卽是神，神卽是人，稱之爲活的神，活的佛。但是客觀的佛或神，離了本來主觀的意識是不存在的，實際不過在主觀中見出客觀而已。這種合一，不僅是意識自身根本的要求，而且是意識本來的狀態。

意識原是有分化作用與統一作用的兩面。分化作用發動時，知情意三種作用出現，於是展開客觀界的相對，主客、物我、人佛等種種相狀，形成於意識內；在別一面，現起統一作用，要把這些統一起來，更試着其第二種的發展。意識，是由於這樣的分化而發展；同時由於統一而擴充其內容；這樣地永遠地生存着。但相對界無非是矛盾的現象，知情意三者間，無論那方面固執着一種現象而失卻相互連絡的時候，三者間便互相分裂而失卻調和，相互地陷於矛盾，苦惱的諸現象就在這裏出現，同時也就喚起還元於中心的意識的要求。如前面說過的由於覺的作用，能體認覺；苦相及苦感，是因於相反的樂的作用而得知道。統一意識和分裂意識相互矛盾而不得進展時，因之生出了苦惱的諸現象；能自覺這個的，卽是中心意識的自性，是懷着統一的意志作用。所以在這個意識生活的背後，含着主客的對立，在要求發生時，有苦惱；在苦惱的背後，常常地活動着統一性。換句話說：分離性與統一性的矛盾，便是苦惱；於是意識自身，無論在何時何處，祇要一分化發展時，同時便發展開主客的統一作用。若就佛智來考察：這兩種作用完全融合，統一性和分化性都被消融爲一種妙心或妙智而發現，這便是妙用無礙，是一種光明海。這是就佛的自受用法樂的世界說。若就他受用法樂的方面說：妙心妙智，順應客觀，自由地開展着，依大圓鏡智現起其他的三智。所謂三智，爲智情意所現起的作用；妙智，是中心的意識自體。再把中心意識與分化意識從佛與衆生的關係上說：佛的慈悲由於衆生的煩惱而起；衆生的煩惱由於佛的慈悲而得救。衆生的煩惱，有根本的無明、渴愛，永遠地生存着的中心意識是有慾求，這慾求因分化作用墮入知情意的世界，相對界中去，於無限中認取有限，平等中角立差別，終之不能見出本來的無限與平等。緣是，既有了以具體普遍的永遠的現在底生存着的聖者，又有有限差別生活的衆生；所以佛的慈悲，向着衆生的有限差別的苦惱而發生，煩惱是藉着佛的普遍永遠的現前而得救。所謂救是給以解脫的意思，使有限轉換爲無限，差別轉換爲平等，使分裂了的意識歸還到中心意識是。所以宗敎的要求，是起源於一切意識的最大的要求，於相對有限上起了自覺，同時於絕對無限統一力中使之合一，以之獲得永遠的眞生命。然而我們的知識依於哲學，感情依於藝術，意志依於道德，也雖可以各求其滿足，但這些是起於肉體的精神的要求的滿足，是部分的，不是全體生命的滿足。宗敎，則反乎此，是對於知情意的根底的中心意識的全體給與滿足，因爲宗敎的要求，爲要獲得知情意未分以前的統一而使之發生出宗敎的意識。

唯其如此，一切要求的圓滿達到，必定是宗敎。哲學、道德、藝術與其他一切人事，都是順應着生命的要求而現出了一部分的作用；這些生命全體的滿足，是宗敎要求的滿足。是以宗敎生命的絕對性，在被客觀化了而產生出文化價值的時候，也就是眞美善的世界的實現。

三　體驗的本質

宗敎，不是議論而是體驗的事實，這雖是普通的說法，但體驗是什麼意義？怎樣來體驗？照一般的說法，是主客未分的直接經驗，可是這種經驗內容，當然是有多種多樣的，也有是宗敎的，也有不是宗敎的。然則，譚到禪的體驗時，是有什麼意義？又是否有體驗的客觀性？假使是有，那有的是怎樣？再若把這些用在一般的宗敎上來看時，也應給以種種的解答吧？又怎樣照其解答，而對於宗敎的本身上可以指示出是誤解的、是正確的，或肯定的、否定的，而成爲這些分歧點呢？

那麼首先把所謂體驗的是含有怎樣意義來說一說吧。假定說：體驗，單是認爲世界或人生的事實的意義；那末，不一定須要有宗敎的禪的體驗。縱使說：宗敎的理想，與世間人生的事實，有着不相離的關係，所以宗敎也必定有些什麼世界觀人生觀的；可是那些祇是宗敎敎材的要素，不是宗敎本質的東西。就佛敎方面說，其內容包有：絕對主義、相對主義、精神、自然、理想、現實、平等、差別、世界、國家、貴族、民主、社會、個人等等主義，凡人類考慮到的所有思想，在佛敎裏是渾然地形成着一個大曼陀羅，無論那一種，一明白了佛敎本質的要素，便可以之成爲敎材的要素。所以那些都是一時的、相對的、常依着時代思想的變化而變化的。是以僅僅是體認了那些而不能觸着本質的要素，便不得說是佛敎的。又所謂世界觀，任何宗敎都有；而且不一定宗敎，例如以（エネルギー）Energy（力）的一元論爲人生指導原理，好像是宗敎的說法，可是並不是宗敎；又崇拜那馬克斯的「唯物史觀」而起共鳴的，但也不是宗敎。那末，單是以世界及人生的事實的認得，不一定是宗敎的體驗。

又說到道德的經驗，也是一樣。例如以犧牲自己而完全爲他的經驗，可是那是道德的而不是宗敎。自然，道德與宗敎，有密接的關係，宗敎是施設了相當道德的規範，佛敎是有五戒、十戒、二百五十戒、以至八萬細行等，都是道德的經驗。從師弟間的德義，父子、夫婦、兄弟、朋友的規定，直至對於社會、國家、自然、個人等等，凡爲人類應行所有行爲的規範，都被一一具體的指示出來。這些都是爲着實現佛敎的根本精神而被施設了的，所以雖是被認爲是道德的，可是不得說就是佛敎。又把道德爲體驗於一般的妥當的原理，將全人格理想化了的時候，那祇是止於人格的道德化而不是宗敎。孔孟的倫理，在具體的實際的觀點上說，是有其優勝的地方，可是那種體驗，仍然不是宗敎的。所以把宗敎的體驗以爲專是事實的認得，或以爲是特殊道德的經驗，那都是誤解；這誤解的結果，會變成宗敎輕視論或否定論。有些人視宗敎的世界觀爲沒頭腦人的世界觀；近代社會科學研究者，一般地都看宗敎是過去的遺物，祇要知識經驗的進步發達，宗敎自然會逐漸地消滅，新道德新學問自然會起而代之。唱着「敎育代替宗敎，宗敎將成無用」的論調，而標出「宗敎無用論」。這些人都是不知不覺地誤解了宗敎體驗的眞意。自然，宗敎是有多種多樣的，也有許是因着時代而被遺棄了的，可是把宗敎的本身視爲無用，那確是一種暴論。卽使敎育怎樣的普及，科學怎樣的發達，祇要人類生活存在，不需要宗敎的時代是沒有的。反之，隨着學問的發達，宗敎的要求也更加增高，這是現實的事實。

潛伏在人心深處的眞的要求，能生存的便永遠地生存着。生死的解脫，實際就爲着這個問題。然而現實的生存，是一時的、有限的，是難過的日子；一旦徹底的痛感到這難過日的生存時，也就會深深地憧憬着向着永遠無限的絕對自由的懷抱去追求吧。所謂發菩提心，就在這裏。這種憧憬的情緒，實際是宗敎心的發生的原動力；又所謂宗敎的體驗的特殊價値的經驗，也就依這憧憬的心情而起的。是以宗敎的體驗，不專是事實的經驗，是對於永遠無限者的自我絕對的歸依的經驗。而且這不祇是爲保存自我，寧可說爲否定了沒卻了有限的自我，主張自我與絕對者爲一的意義。照一般佛敎的說法：否定自我，便是解脫；與絕對者爲一，就是常樂我淨涅槃之境。從禪宗的立場說：是天地未分以前，主客未分以前的境地。但是這種分析的說明，是爲着一般的理解方便計，實則，唯是一個。依體驗的主體方面說，那是歸向於絕對者；依被體驗的客觀說，那是絕對者自己的實現。然而這體驗的自身，是主客一體、物我不二的三昧境；這是宗敎體驗的本質。若把這照着禪的立場說：以超越了這種主客一體物我不二，而體得主客未分以前——卽第一者之境，天上天下唯我獨尊之境，是體驗到宇宙無雙日乾坤唯一人之境，也可說之爲法身體得之境。至是，纔是無生死、無修證、無凡聖、純一絕對者之體得。禪的體驗，在這裏找到本質。

在意識方面說：是意識發現了意識體系的中心意識的體認，爲哲學、道德、藝術等的母胎；同時，這是超認識的，所以用分別意識來分別，根本是不可能。把這個說之爲學說的對象，也自然不可。

四　體驗與師證

禪的體驗，自有其確實性的絕對的價值，然而主體因是個性的，所以在第三者是不能知不能見，但在互相體驗者之間，自有其一脈相通，這又名「唯佛與佛之境地」。但就着在這境地時，又恐陷於滰窟裏，故努力地更於差別的境界上一一體驗着，次之致力其平等與差別回互相入而成其圓滿大智；爲着這絕對智的完成，便不得不向一一境上去磨練，所謂出之以「向下門」。換言之：務須把這法樂之境給與他人共同受用者是。其表現的形式，是照各人的人格的傾向和思想的程度而有種種不同，但必採取一種什麽表現的形式。出之以象徵的、思想的，或出之以神秘的、哲學的、道德的，或者以實踐的種種形式來表現。但這些形式成爲問題的：便是其體驗的內容妥當不妥當？是否具着普遍性？卽所謂見地境涯之優劣問題是。至此，就得運用哲學思想的主動下以批判了，這也是當然的。爲要揭出那些所表現了的經驗內容的客觀的妥當性、應得有一種理知的根據，這便是哲學。

在西洋，哲學與宗敎——知與信的問題，早已在辯論着。可是自全體上考察，是宗敎的向上化與向下化的問題。一是主張體驗的主觀的一面，一是強調客觀的一面而異其態度。現在所說的宗教的體驗，是自內證的，把這個成為客觀化，那就不得不來檢討它的思想的條件。然而將這種關係指示出最明顯的，便是佛教。自然，佛教是立足在最深奧的體驗之上的宗教，同時又關於普遍化方面，繼續的加以不斷的努力，所以佛教是宗教而又是哲學的原因，也就在這裏。從宗教方面說：注其全力去體驗那自內證的不可思議的那個東西的，禪是其代表；為把這個所證的體驗傳給他人，因之不能完全依賴於文字語言，所以有時用論理的，有時用象徵的以表現之，於是也不能完全脫離歷史的社會的思想相交涉的地方。自釋尊在菩提樹下成正覺後，為將這正覺使成普遍化，在說法時，自由的攝取了當時各種原來的思想來應用，把所教化當機的思想力使向上。到後來大乘佛教發達，都依自己的立場來闡明一一中心思想的時候，於是很多的經論，也相繼地出現了。雖標榜着不立文字教外別傳的禪宗，然對於向上向下兩門也產生出許多語錄，就在佛教各宗派中的典籍的數字上說，禪是占着第一位的。這自然是為着自內證的普遍化。

總之：宗教的體驗，是以自己來明白自己的，是自身獨自得到的絕對境；但為發揚自己獨得的境，那是必需使之普遍化。因之努力把這個教理化起來，隨時隨地的勢必對於自己體驗的內容也常有修正的，使之更加明瞭而成為更有力量的。不然，祇是躭着於自己體驗的世界，缺乏客觀的眞理的內容，便會墮於主觀的感興或自我陶醉的方面去。所以在特別重視體驗的禪宗，卻也尊重佛祖的教範，其原因也就是為此；所謂「古經照心」也者，也就是為此。道元禪師說：「佛佛祖祖單傳，是自證三昧」；再示其內容的說：「或從知識，或從經卷，是佛祖之眼睛也」。宗敎的體驗，依於敎理或師證而確實其內容；敎理，依於體驗而得其生命，是以兩者必須有互相關係的必要。因爲沒有體驗的敎理，是走向於沒有生命的空論；沒有敎理或師證的體驗，是陷於空想獨斷的危險。

五　公　案

(甲) 公案的地位

就是被看做純主觀的禪，但關於達成其宗敎的機能，也自不可不具備種種的條件。這些條件，自然地被綜合着而成爲一個的統一體，無論在內在外所飛躍着的禪的宗敎機能，都可看得到。可是在綜合體成爲綜合的中心的，務須把其他的一切在這中心上運用着綜合的力，把被綜合了的一切賦以生命，使之完備，使之躍動，一一都使之成爲有力的以達成其任務。有了這樣，然後纔產生出總的機關，宗敎的機能，就會顯現。禪的公案，實際就是成爲這作用的中心的東西；依於公案，一切被綜合了的，被賦以生命了的，都完全地達成其作用。公案在這種意義上，可說是禪的生命的主要分子，是基本的主動體。所以禪的持續和發揚，第一需要公案；其他的不過是助成禪的宗敎的機能的補助條件而已。關於宗敎上的所謂補助條件，擧例來說：好像病人之於補品，也不是簡易或無代價的。因爲由於那些補助條件，宗敎的生命得以實現化，宗敎的使命得以完成。雖然，也有一意傾向於補助條件的發達與完備，卻輕視了主動體的公案；也有祇被囚繫在時代潮流裏，一意的迎合潮流，結果忘卻原來的本旨；甚至對於公案的本身覺得不值一顧，而企圖破壞者。可是禪宗，若輕視公案或破壞，那末這個成立的基本，也就在這裏被破壞，甚至失卻了禪的生命。宗敎，是以內在為重的。倘如這個偏重外形化的現代似的，以為專藉着外形的完備就可得達其使命；宗敎在這個時代，也很容易墮陷到這種弊病中去。在禪，雖兼顧到外形的達成，可是外形的達成，必須從內的生命的飛躍所顯現的外形，纔是有生命有價值的，這種外形的達成，就是內的生命的延長，同時又不忘其所顯現的本旨。古人之所以捨生命的沒頭參究公案，其原因也就在此。

(乙) 公案的意義

所謂禪的研究，即是實際的體驗，除體驗外別有眞實意味的研究，是不存在的。因之禪的講說，除提唱外沒有眞的講說。假使問：體驗什麼？提唱什麼？那就是古人提示的公案。公案的提唱及體驗，便是佛心的提唱，佛心的體驗。叫做「拈弄」或「評唱」的，都是公案；此外，什麼也不存在。試閱古今先德的「上堂」或「小參」所垂示的話頭，無非是公案；公案外更沒有什麼說示或評唱的。特別地在佛敎典籍中數量最豐富的是「語錄」，內容全是公案的提唱及拈弄。又具有禪宗獨有作風的偈頌，和經典中的偈頌不同，在文字裏所含的意義，沒有不是公案的。禪的敎法，這樣用公案來推動，一貫地運用着公案。若和別的宗派比較，各家敎宗，各有所依的經典，依經典而有教相，依據那一種經典的教相而顯其所依的立場，於是成立一一的宗派；但禪宗自稱爲教外別傳，沒有經典爲所依，可是公案，恰似教下各宗之於經典。就其內容上說：當然各有各的獨得之點，悉不一致，但也不得說爲是全然異物。公案是沒有成法的，照着古德各人的體驗，強調着特殊的個性，於是顯現出「喝」或「咦」來的法，這法是自家製造的，爲使自家的法一推動時，禪的獨得的公案就在這裏出現，而且是成爲禪的基本的主動體，成爲生命；所以禪，除卻公案，就不能理解。

那末，公案是有着什麼意義呢？又在什麼意義上公案是基本的主動體呢？現在不可不進一步考察到關於這兩個問題。在這裏檢點先德所提示的解說，是解答方法的一種，然先德的解說，不同現在的人照着自己的意識隨便地下以截斷的，對於公案提示者的本意，不是馬虎任便的，所以現在先首來檢點古人的解說是怎樣？

『有人問：佛祖機緣世稱公案者何也？曰：公案者，乃喻公府之案牘也。法之所在，王道治亂，實係於斯。公者，乃聖賢一其轍，天下同其途之至理也。案者，乃聖賢為理記事之正文也。凡有天下者，未嘗無公府，有公府者，未嘗無案牘。蓋取以為法，而欲斷天下之不正者也。公案行則理法用，理法用則天下正；天下正則王道治。夫佛祖之機緣，目之曰公案，亦然。蓋非一人之臆見，乃會靈源，契明旨，破生死，越情量，三世十方開士所同禀之至理也。且不可以義解，不可以言傳，不可以文詮，不可以識度。如塗毒鼓，聞者皆喪；如大火聚，攖之則燎。故靈山曰別傳，傳此也；少林曰直指，指此也。自南北分宗，五家列派以來，諸善知識，操其所傳，負其所指，賓叩主應，得牛還馬時，任粗言細語而捷出，如迅雷不及掩耳。……世稱長老者，卽叢林公府之長吏也；其編燈集錄者，卽記其激揚提唱之案牘也。

夫公案者：卽燭情識昏暗之慧炬也；抉見聞翳膜之金篦也；斷生死命根之利斧也；鑑聖凡面目之禪鏡也。祖意以之廓明，佛心以之開顯。其全超迥脫大達同證之要，自不越此。』（中峯廣錄山房夜話）

先德所說示的極其明瞭，將公案的眞意義，可謂說得是透徹無餘了；公案是禪的基本的主動體或生命，也可瞭然；同時將公案的使命，也適確簡潔地指示出來。照這樣看法，得說公案是先德提唱的「正題」的意義，且這種正題裏，自充溢着聖賢所體得的眞理；所以把這作爲準繩，以之來觀照邪禪、邪法，而斷絕其不正，得知傳正禪正法之有在。而公案的作用，是透徹法的本源，契於佛祖解脫境上所現起的妙旨，使之入於與佛祖同一境涯。換言之：是在於超越了吾人意識的情量，擊破了建築在情量上的生死城郭，使得到無生死、無分別智的眞智，與佛祖同樣的入於游戲三昧之境。這是中峯先德所提唱了的：『燭情識昏暗之慧炬，抉見聞翳膜之金篦，斷生死命根之利斧，鑑聖凡面目之禪鏡。』先德提唱公案，檢驗學者的悟境的例子，在禪錄裏隨處可以看到。淺近的學一個例，在禪門通途話題裏記載着念佛上人與獨湛禪師商量的公案：『禪師一日問上人曰：「師是何宗行者」？上人曰：「淨宗」。禪師曰：「彌陀年幾歲」？上人曰：「與我同年」。禪師更曰：「上人幾歲」？曰：「與彌陀同年」。禪師追究曰：「卽今彌陀在何處」？上人默然而擧左手。』這實在是好箇商量也。若已是「機法一體」，「信心獲得」的人，彌陀必定具現於自己的身心上。這樣的將是凡？是聖？照在禪鏡上而下以判斷這也是示出了「鑑聖凡之禪鏡」的公案的一種作用之所以然。此外，鑑照祖師的心境，開顯自己的佛心的神祕之鍵鑰，正是被祕藏在公案裏。所以黃蘗禪師說：「旣是丈夫漢，應看箇公案！」禪，因於這樣地看破公案，公案和自己打成爲「不二一體」，纔得發生眞理。由是也可知道：公案，是怎樣的重大了。

六　坐禪

（甲）坐禪的使命

坐禪與公案，是禪門修行的根本兩輪，缺其一，就不能見性成佛；故坐禪是直透佛心的三昧。道元禪師稱之爲：「諸佛所證三昧，保持佛法之根本行持」；又謂：「表佛印於三業，三昧端坐時，諸佛法界皆證」。聖一國師示云：

『夫云坐禪宗門者，大解脫之道也。諸法皆依此門流出，萬行皆依此道通達；智慧神通妙用，亦皆依此中生，人天性命，亦皆依此中發。』

這樣看來，一切功德，都包含在坐禪中。蓋禪之可尊者，以得法之要道，全在實修、實證、眞參、眞究故也。所以古來稱之爲「坐禪辦道」，以坐禪爲究盡諸佛無上妙道的方法。

中國禪宗分五家七派，日本則有曹洞與臨濟兩派，對於坐禪的見解，不無多少相異，但以坐禪爲佛道修行的要道，自無不同。現在擧出一二則古人對於坐禪的說法如左：

『夫截斷生死大事，無過坐禪要徑。』（大智假名法語）

『若欲免生死輪迴之苦，應盡情識；欲盡情識，則應悟心；若欲悟心，則應坐禪。』（拔隊假名法語）

因此，也得知坐禪重要之所以。然坐，是四威儀之一；禪，是所修之法。四威儀中，坐是最爲穩健中正，姿勢亦最正，於修禪是最適當的方法；所以古來稱坐爲修禪，這是一般的見解。然六祖大師說：「外於一切善惡之境不起心念名坐；內見自性不動爲禪。」這是卽以三昧的端的直名之爲坐禪。然而永嘉大師說：「行亦禪，坐亦禪，語默動靜體安然」；也有人說「豈拘坐臥乎」的話。這樣來看：在自性現前的當體，行住坐臥動靜，莫非是禪，不一定要坐纔是禪；可是這是照理想方面說的，至於實修的方法，還是以坐爲第一要道。

（乙）坐禪三法

坐禪，是有調身、調息、調心的三法。三法不備，眞禪不會現前，所以這三法是必要的。

第一所謂調身法者：是關於坐禪身體的調整。先於坐處厚敷坐具，坐法有兩種：一結跏趺坐，就是將右足安於左髀上，將左足安於右髀上。另一種坐法，叫半跏趺坐，就是只將左足安右胜上。古來別此爲「降魔坐」與「吉祥坐」；禪宗沒有這種區別，唯以坐久疲勞時，左右上下隨便的坐着都可，但總得半跏趺坐爲宜。關於手掌、身體、嘴、眼方面，也有如下的方法：右手安於左足上，左掌安於右掌上，兩手的大拇指互相拄着，照印相上說，這是名叫「法界定相」。身體，須正身端坐，不可側左傾右俯前仰後，耳與肩並，鼻臍相對。舌頂上腭，唇齒相着，目須細開。次說到衣食住方面：坐宜靜室，在修業已淳熟的人雖不必靜室，但未淳熟者須選靜室，避開鬧市或喧擾的地方。光線亦須選適當，過明過暗，都非所宜。又不可坐在極寒或極熱或迎風的地點。飲食，須守節度，飽食催睡，飢生困態，尤宜注意衞生，坐禪時，亦應取適度的飲食。次則衣帶勿使過緊，過緊，身體窄逼，氣息亦不易調；過鬆時，易生頹惰，以鬆緊適度爲要。衣食住似乎和坐禪無關，實則不然：住處影響於心，飲食影響於身，衣帶疎忽，影響於調息；所以這三種事不宜輕忽。

第二調息法：卽調呼吸。我們平常的呼吸，大概正確，倘一旦四大不調或精神異常時，脈搏就會變動，呼吸也變成不規則，這是各人都有經驗的。現在坐禪的時候，調身已畢，次則調息。呼吸不調，心自然也因之不調，如在定相中的身體浮動，或身體像飛揚空中似的種種魔境生起，都是呼吸不調的變態現象。所以稍覺浮動，須首先把心安於氣海丹田；氣海丹田者，卽臍下兩三寸的地方。就是把心鎭靜下來，將下腹部徐徐地用力，使之稍稍向前似地，精神安着，呼吸自然調順。若說個中消息，就是「鼻息微通，身相旣調，出氣一息，左右搖振，兀兀地坐。」呼吸勿使出入於口而行於鼻息，緩急以中。身體旣調，吐出呼氣，將身向左右動搖，恰如木樁打入大地，一坐定時，縱千山崩壞，大海橫決，亦不動搖，須用這樣的氣概來坐禪。又若從坐起時，相反地徐徐搖身，好像從大地上拔木似的心境，決不可卒暴。

須具上面的樣子，纔全成了坐禪的狀態。

第三調心法：這是有關於坐禪的根本要諦。調身、調息、僅是調心的手段而已。調心法，曹洞臨濟兩派，見解不同。臨濟爲見性的調心，曹洞爲坐禪的調心。臨濟見解，在後說到無佛性的話頭時，自然明白，姑置不談，今唯述曹洞的見解如下。就是說：「思量箇不思量底，不思量底如何思量？非思量卽坐禪之要術也。」思量，是有心；不思量，是無心。偏於一方時，有心旣成病，無心也成病。現在，不涉於有心思量，也不沉於無心不思量，以超脫了散亂與昏沉的當體，名曰「思量不思量底」，用最適切的話來說，卽非思量是。坐禪的當體，旣離造作之念，又非無心不思的狀態，是思量而不思量，不思量而思量。所以這非思量的「非」，不是否定意，是指坐禪上的正念，就是非思慮的意義，非思慮便是解脫。以此爲坐禪上的正念，正思惟。說到「非思量底思量」時，便是脫體現成地離迷悟，越凡聖，念念悉正，心心皆非染汚之心行；所以道元禪師的坐禪用心記說：「直須破斷煩惱，而可親證菩提」；在坐禪儀中述着這端的：「若得此意，則如龍得水，似虎靠山，當知正法自現前，昏散先撲落。」於是，在這裏發生坐禪與悟有如何關係的問題來：在曹洞宗說，「正傳之坐禪，不可求悟于於坐禪之外」，緣坐禪的眞境界，是在於不思量的正念，若正念相續，雖行住坐臥，動止威儀亦不暫離，卽可說是大悟底人。道元謂：「非可測知。以坐禪是悟門之事。悟者，只管打坐。」故正傳之坐禪，不是待悟的坐禪，爲坐禪的當體卽是作佛、行佛受用三昧；坐禪的當體，就是坐佛、作佛。故說坐禪之外無悟，這是曹洞宗的立場。

以上關於調心法的曹洞宗的見解，是把手段與理想爲一致的東西，坐禪的極致，全體是悟。然這唯是已達到極致的纔可能，未淳熟的人，恐怕仍是談不到。

七　狗子無佛性

(甲) 關於無佛性的話頭

禪的公案，一名「話頭」或「古則」。上已說明「公案的意義」及其作用，現在想直提示公案而來說明。在臨濟宗說，公案和坐禪，都是爲要達到佛的境涯的一種方法，不是坐禪卽成佛。就是說：爲依坐禪，先行身體的調整，次則超諸有無二見而體驗第一義的本性——眞如、或法身的發動；選擇千七百則中一個公案，用爲調心與見性。如白隱的「隻手妙聲」，趙州的「無佛性」或「柏樹子」之類的公案卽是。現在就這裏一述古來有名的無佛性的公案。

「狗子無佛性」的典據，出在趙州從諗錄、五燈會元、從容錄諸書中，記述上雖有多少相出入，但大體上是一致的。現在根據以公案許唱爲中心而編纂的無門關來說述。這無門關，是無門慧開編纂的，於悟道上大有關係，在評唱中也可說是最上品的著作，而且在評唱的研究上也最爲便利。

『僧問：「狗子還有佛性也無」？師云：「無」。云：「蠢動含靈皆有佛性，狗子因甚却無」？師云：「為伊業識在」。

『又一僧問：「狗子還有佛性也無」？師云：「有」。「為甚麼入皮袋裏」？師云：「知而故犯」。』

趙州的這種答法：一說「有」，一說「無」。照論理上說，當然有矛盾，但爲什麼竟是這樣的矛盾呢？眞使人感覺到不得要領；唯在趙州的立場言，雖是同一的問題而出以有和無的答案，卻也沒有什麼相違反的。這是因爲應着問的人的立場不同而答故。這不是要使問的人理解，卻是使他起疑惑，因疑而得解脫。如上答的無佛性的原因，着重於「業識在」。然而原因的業識在雖成爲問題，實際成爲問題的卻是答的「無」；這個「無」，是打破禪關牢門的鐵槌，是截斷煩惱及文字上種種葛藤的利斧。也如前面說過像黃檗指示學徒說的：「既是大丈夫漢，應看箇公案！」所以臨濟宗的大慧，曹洞宗的宏智，都喫重在這個「無」。實際爲窮追自己全體的否定，使在絕對境位上得個自由轉身，先須以這個無字來提撕。但因這個無，於是牽涉到佛性問題，現在簡單地來敍述佛性的典據與解說。

(乙) 佛性的典據及其意義

『我所說涅槃因者，所謂佛性。佛性之性，不生涅槃；是故我言：涅槃無因。能破煩惱，故名大果。……衆生佛性，亦復如是；雖處五道，受別異身，而是佛性，常一無變。』（大涅槃經二十七曇無讖譯獅子吼菩薩品三）

照這樣看來，雖爲狗子，佛性是沒有什麼變異：狗子，就是狗子好了，佛性一樣地活躍着。再來看答的「知而故犯」及「爲伊業識在」的意味，也自然得到了解。

『如是佛性，卽有七事：一常、二我、三樂、四淨、五眞、六實、七善。』（大涅槃經三十二迦葉菩薩品二）

這是將佛性的內在性分類而說的，就看爲佛性的本質也無妨。如我們親身體驗到佛性的內在性，發揮到現實的生活上來，那纔成爲眞實的有價值的東西。次之關於佛性的有無，有着如下的說法：

『故佛性非有非無。所以者何？佛性雖有，非如虛空；何以故？世間虛空，雖以無量善巧方便不可得見，佛性可見；是故雖有，非如虛空。佛性雖無，不同兎角；何以故？龜毛兎角，雖以多量善巧方便不可得生，佛性可生；是故雖無，不同兎角。是故佛性，非有非無，亦有亦無。云何名有？一切悉有，是諸衆生不斷不滅，猶如燈燄；乃至阿耨多羅三藐三菩提，是故名有。云何名無？一切衆生現在未有，一切佛法常樂我淨，是故名無。有無合故，卽是中道。是故佛說：佛性非有非無。』

佛性意義，散說在涅槃經中，要點不外於此。然而以非有非無的中道爲第一義者：根據本質的意義，可說之爲有，即悉有佛性說，本質當然是有故；但依照還沒有具備四德來說，那便是無。於是，所以有修行的必要，暗示出若不依於修行，便不得具備四德。這裏關於涅槃經上佛性的說明，已可說是無問題了。但在這裏發生問題的，就是趙州提拈出來的無字。假使把趙州的無字解做無四德的意義，以有字解做悉有佛性的意義；因爲有「業識在」所以四德不現，於是說之爲無，雖有佛性，今「知而故犯」而爲狗子；祇要這樣解釋，也就够明白了似的。可是，像黃檗、無門的拈弄，便成爲不可解的東西了。故不可不考察趙州的無和涅槃經的有無，是具有特別意義存在乎其間。若說趙州是全盤接受涅槃經的佛性說，那便是完全失了禪的眞意。所以從禪的立場來看，趙州的無，是他獨創的無，是他的生命，是他的宗教。根據這意義，應考察趙州獨特的無如次。

(丙) 參究的意義

把趙州的無作爲一種公案而給與學者的，似乎是黃檗。黃檗的傳記不很明白，大概是唐宣宗大中年間示寂，是和趙州同時代的，但從那先於趙州入寂的黃檗已使用了無字公案這件事看來，便證明古來的佛性論，在當時的禪界裏也成爲重要研究的問題。實際，無佛性的話題，在趙州之前已被作爲商討的題目了，這從景德傳燈錄及五燈會元裏，就很顯明的知道。現在且說黃檗提示於學者的話頭如下：

『若是個丈夫漢，看個公案！僧問趙州：「狗子還有佛性也無」？州云：「無」。但去二六時中看個無字！晝參夜參，行住坐臥著衣喫飯處，屙屎放尿處；心心相顧，猛著精彩，守個無字。日久月深，打成一片，忽然心華頓發，悟佛祖之機，便不被天下老和尚舌頭瞞，便會開大口。』（傳心法要）

把這個對照慧開所提示在無門關裏的，是覺得更加直率的。可是慧開的提示，是盡其畢生之力的，所以放出特別的異彩；黃檗是依着無字而見性，從辛苦經驗上而放異彩，同時也可知道他在無字上是怎樣下過苦功了。今因之舉出慧開在無門關第一則如下：

『趙州和尚因僧問：「狗子還有佛性也無」？州云：「無」。

無門曰：參禪須透祖師關，妙悟要窮心路絕。祖關不透，心路不絕，盡是依草附木精靈。且道如何是祖師關？只者一箇無字，乃宗門一關也，遂目之曰：「禪宗無門關」。透得過者，非但親見趙州，便可與歷代祖師把手共行，眉毛廝結，同一眼見，同一耳聞，豈不慶快！莫有要透關底麼？將三百六十骨節，八萬四千毫竅，通身起個疑團，參個無字。晝夜提撕，莫作虛無會，莫作有無會；如吞了個熱鐵丸相似，吐又吐不出，蕩盡從前惡知惡覺，久久純熟，自然內外打成一片，如啞子作夢，只許自知。驀然打發，驚天動地。如奪得關將軍快刀入手，逢佛殺佛，逢祖殺祖；於生死岸頭得大自在，向六道四生中遊化三昧。且作麼生提撕？盡平生氣力，舉個無字！若不間斷，好似法燭，一點便着。

頌曰：狗子佛性，全提正令！纔涉有無，喪身失命！』

無字，是參禪的人首先應該透過的關門，是佛性開顯的第一步。因有了這一步的飛躍，纔得打開涅槃的妙境；可是這必須的要件，不是學說的研究，祇是窮迫向自己的心路；要心路絕處，那就不可不驀直地精進努力纔得。所謂心路，佛教通說爲煩惱的意義。照成唯識論上說，心路的根本是第八識，譯爲「藏識」，善惡兩心未發的種子，正是藏在這個識中。但是縱使是善的種子，也是對着惡的善，不得說是純眞的佛性，禪，是窮究着成爲心的根本的善惡種子的心，再試着超越這種子的心而飛躍向於無一物的眞識。換言之，就是躍向涅槃經的非有非無。「八識田中下一刀」！這是白隱禪師的正令，用無的一刀使粉碎了第八識。第八賴耶識一被粉碎，纔開始了眞如識的活動。所以禪是把有無、凡聖、迷悟等的概念一切拋下，而入於無的三昧，使心成「無化」；一達到無的極致時，眞如識自然自內發動起來，因之觸着這發動的妙機。照這種意味說，佛教哲學的研究，其自身並非目的，唯到達着禪，纔具有這意義。學說之所以爲學說，也當有其本來的目的的吧？但就佛教原來的意義說：與其說是依於學說而眞實地把握那被抽象了的眞如或佛性，使之成爲一種活機顯現於歷史的現實上，毋寧謂必須觸着自己本具圓滿的佛性更重要。所以在眞如性以外而說大覺圓滿的佛性，其原因也就在這裏。照研究過程方式來說：眞如，是在論理上所究明了的究竟原理：大覺圓滿的佛性，依於實踐的方式所開顯了的涅槃妙心，是法悅的心境。換言之：學說上所研究的眞如性，是實現於自己主觀之內；主觀，卽眞如躍動時而體現到涅槃，展開了大覺圓滿的心境。這種意味的無字，有二方面的考察：一，是否定的作用；一，是主體的無的自身。

否定作用的無，在達到主體的無的過程上，是有否定了一切相對概念的意味。換句話說：是否定了存在於自我上的生死涅槃、煩惱菩提、凡聖、差別平等、事理等的一切概念及自我的意義。

其次，所謂主體的無，就是超越了這些對立的獨自無侶的無的自身。超越一切的無，卽是包含一切；同時是賦一切以生命使之活躍的根本的主體。涅槃經說：

『「世尊！云何能斷一切諸有」？佛言：「善男子，若觀實相，是人能斷一切諸有」。須跋陀曰：「世尊！如何為實相」？「善男子！無相之相為實相。善男子！一切法，無自相、他相、及自他相。無無因相，無無作相，無受相無受者相，無法非法相，無男女相，無微塵相，無時節相，無自作相、無他作相、無自他作相，無有相、無無相，無因相、無果相，無因因相、無果果相，無晝夜相，無明暗相，無見相、無見者相，無聞相、無聞者相，無覺知相、無覺知者相，無菩薩相、無得菩薩相，無業相、無業主相，無煩惱相、無煩惱主相。善男子！隨如是相處滅處，名真實相。善男子！一切諸法，皆為虛假；隨其滅處，是故為實。是名實相、名法界、名畢竟智、名第一義、名第一義空。』

這是說明否定了一切，於否定上所顯現的無相之相名實相、名畢竟智。

原來我們把一切事物在對立上觀察，所謂思惟考察，這是正確的觀察法嗎？在對立上比較上觀察事物，固然有其必要，可是這畢竟不得說是唯一的觀察法，究竟的觀察法。實際說起來：一切東西，都是獨立的存在着，既沒有以彼爲此，也沒有以此爲彼；彼爲彼的獨立存在，此爲此的獨立存在。我們把這些在思惟的便利上，視爲對立而來認識之。然因爲這樣，被誤認爲這些一切好像先天是這樣對立的存在着似的。南泉說「知，是妄覺」，是極有理由的。據禪的立場說：宇宙間的東西，都是獨自存在，沒有對立的，一切都是超對立的存在。所以生也、死也，原是一樣；既沒與生相對的死，也沒有與死相對的生，這就是「生死卽涅槃」的意思。這樣達到禪的立場，爲禪的必然的條件，也不可不認爲是反省自己現在的認識。一切都原是獨自存在的，可是我們卻爲對立的思惟；在禪方面說，務須有改變這種根本觀念的必要；也就是必須進入於「斷一切有」的過程。換言之：不可不超越對立的一切，離卻一切的形相，別立腳於無的境地。在無的境地上，絕沒有什麼形相或因果；眞能從這一切上得解脫，是爲獨脫無依之境。離了一切對立，卽是實相的境地，在這裏，開始從根本主體上出現活動，創造新生命；於是眞法，眞智，眞性，在這裏顯現。平常將涅槃之境曰圓寂，曰寂滅，曰不生不滅，就是指這個境界。這是佛性法爾的特性，所以趙州將這個表現在「無」上，無門說之爲「妙悟要窮心路絕。」成爲妙悟的要件的，就是絕對的要離卻我們的感覺作用，思惟作用，了別作用；這意味便是：「勿爲虛無會，勿爲有無會」！這就是指平等無差別智的體驗。現在基於上面的論述，更來考察否定作用的無字。

（丁）參究心理的過程

說佛教是厭世的，非現實的原因，原爲着趨向涅槃的過程而踏進了否定的道路之故。同時，又爲表現宗教的究極點而也愛用着空、寂滅、無數、無等這些似乎消極的語句。然而要知道這些話，是聖者達於思索的極處的語句，都是體驗境地的表現；依禪來說：乃是轉換了自我，而更生了眞我，於眞我的絕對境界上表現了活生生的恣態的語句。故在這些語句中，是秘藏着超論理的幽玄的哲理。例如：『此心，卽無心也。若離一切相，則衆生與諸佛，更無差別；但能無心，便是究竟。』（傳心法要）這是說禪的極致，卽是無心之心。這當然是否定的語句，可是這語句中，是秘藏着深遠的哲理，祇是這個無，便是他們哲理的究極，是涅槃，是悟道。是故把這個單說爲厭世的，非現實的，自然是錯誤的觀察。所以者何？因爲佛教的一切活動，都潛伏在這個裏頭，從這裏發動出活動性。這是含有在絕對否定之極的絕對的肯定：是從消極而到積極的契機。

我們想要達到無的獨自境地——涅槃：先決問題，便是我們的意識應怎樣的反省？這是已述在「衆生性」中。要之：非把盲目的要求自己生存的欲望——無明，歸還到中心意識不可！所用的方法，就是公案的「無」字。但是現實的矛盾與苦構成的意識，那是知與情。所以首先向着知與情上給以一個無。知和情，向着各種性質的對象活動，思惟；依存那些對象而要求明瞭下以批判，解決。在這種情狀之下，必定是相對的被限定於特殊的認識方面。例如對於「無」[illegible]，知性自身限於自己的能力上試其批判，卻指之爲虛無或空的意味；所以無門特於此喚起人的注意的：是

「勿爲虛無會，勿爲有無會！」趙州的無字，原不是虛無、有無、空的意思。所以縱使知性盡其全力而試以批判考察，也不會得到明解的。這個無，是向着知的分別上給以一大刺戟，窮竭知的作用之能事，結果，知不破產而終不已。就是將知窮迫到百尺竿頭，導之使入於死地；這卽無門說的「要窮心路絕」是也。是以公案，不同念佛那樣機械式似的被動着，恰如咬一顆鐵丸似地，不管齒力勝任不勝任，盡自己的力量，咬不碎終不停止。所以一到了這種情形：很明顯地知道把「無」訴之於知力，這樣那樣地思惟這個無、分別這個無。這個無就是無，絕對的無，是佛，是眞理，是心，要試盡其力之所及來考察、解決。然而壓根兒在知力的自身上，無論怎樣是不能體驗得到的，結果，所謂智窮力竭，理智的作用，終歸破滅。於是乎第二個開始活動的，便是意志。佛教所謂勇猛精進的，卽指意志之力。意志，是在用盡知力而且破滅之後，始發揮其作用而成爲勇猛心，與無相搏戰，與無渾爲一體。若切實的把這個心的狀態說起來，就是被稱爲「眞正疑團」者是。這個疑團，不是知的分別的疑團，是純一無雜的疑團。換句話說：是脫卻知的分別之境的純意志作用的疑團；就是古人說「大疑下有大悟」的那個大疑的意義。無門也說過了「通身起此疑團，參箇無字」！因爲沒有疑團，是不會得大悟的。這樣地以大疑爲導，使邁進否定之道，否定了一切的分別的知識，概念的知識。

我們的思考或思惟，是分別知識的世界，這個世界，必定是和一些什麼對象相關涉的。沒有對象的地方，分別知識的作用也就無所施其技；然而這個知所存在的地方，必定有些什麼對象在存着的。對象的世界，就是差別的世界。無論在時間上空間上，凡有現象的對立，就顯露出矛盾。這種差別相和中心意識對立時，中心意識就分爲知情意，在分化了的意識中包羅着所有一切的現象。於是就潛伏着陷墮於分裂的原因。說起來：這就是意識的自身爲着欲求性偏於一方的傾向，爲這種傾向而破壞了相互的聯鎖而陷於分裂。所以這情狀上的意識，其內容自已非純粹，必然地陷於矛盾被擱置於差別世界中去。爲使脫離這個矛盾的世界歸還於眞的意識的本源，於是課之以否定的無。故禪的本身，是要把矛盾對立的世界的相對知使歸還於中心意識，而消滅這個相對知。根據這種意義構成佛教哲學的最高原理，就在我們自已分上實際地、現實地使之實現。假若主觀的自身，仍埋沒在差別界裏，專在理論上探求統一的原理，縱使求得，在理論上是出現了統一，但因爲不是還元於自已自身的統一體；要超脫相對、矛盾的生死界，依然無異緣木求魚；同時於涅槃的味得，也畢竟還如饑人說食而已。故禪，是爲要達到佛教所預期的目的，利用無的否定作用而使之歸還於無限的平等一如的意識。具體的說：就是把大小、長短的矛盾相對意識，導歸於無的世界；是把我們整個意識構成爲無化。然而這個無的意識，好似黑漆漆的暗夜，整個意識，是處無的黑暗中：這就是所謂「疑團的疑團」。但疑團的本質，不是禪的究竟位；疑團，好比太陽未出以前的黑暗，所有都是無，所有都是平等的黑暗。一切差別的概念全被否定了，在無的三昧間是沒有無的光，是靜止的狀態。禪宗所謂「大死一番」，不外這個意味；但是我們，非把現實界再從這個無建立起來不可。有大死而始有大復活，沒有死是沒有復活。禪把這種境界稱之會「絕後再蘇」。朝鮮西山大師退隱曰：

『凡本參公案上，切心做工夫，如雞抱卵，如貓捕鼠，如飢思食，如渴思水，如兒憶母：必有透徹之期。

『參禪須具三要：一有大信根，二有大憤志，三有大疑情；苟闕其一，如折足之鼎，終成廢器。

『日用應緣處，只舉狗子無佛性話，舉去舉來，覺得沒理路，沒義路，沒滋味，心頭熱悶時，便是當人放身命處，亦是成佛作祖底基本也。』

又說：

『工夫到行不知行，坐不知坐，當此之時，八萬四千魔軍，在六根門頭伺候，隨心生設。心若不起，爭如之何。

『起心是天魔，不起心是陰魔，或起或不起是煩惱魔。然我正法中，本無如是事。工夫若打成一片，則縱今生透不得，眼光落地之時，不為惡業牽。』（禪家龜鑑）

所謂「沒理路，沒義路」者，顯然是指沒有知識的對象；「沒滋味」者，是指沒有情的對象；「心頭熱悶」者，謂意志入於無的三昧而現起一個大疑團；所謂「為工夫」者，顯然意指不是普通的研究。

公案，有着兩重作用：消極方面是否定了分別的知識；積極方面是喚起意志的力而致其最後的努力。試如把趙州的無：就知識上考察，不外看爲否定了狗子有佛性罷了；可是若僅照否定方面說法，在這個無上做工夫，根本沒有必要。然而在這個無上喝出「應做工夫啊」來說：這個無，既不是思想，也不是概念，更不是抽象的玄理，這是成爲眞實自己的生命，是活生生地存在的事實。故爲要得到這個生命或事實，拋下從來的惡知惡覺，用這個否定作用，使之達到絕處，否定了這意識的矛盾。由是，知覺放下放下而更放下，到了絕處，那末，自己從內飛躍起來，無便成一大光明，熱騰騰地透露出來。這就是「絕後再蘇」。換言之：主客同歸於「無化」，成爲無的渾一體，本這個疑團，強固地確實地造成一個無的統一體，於是發現出統一性。這統一性，達到統一飽和點時，便自然自內飛躍顯現光芒四射而分化到一切。把握得這飛躍的妙機，是之謂「見性」，謂「更生」。然而這個把握，是依於當下直覺的。故直覺不同分別知識似的那樣分別，祇就是這樣把握，如實地不放鬆這個全體。同時，卻能覷破物的兩面——平等與差別的兩面，會得眞實相的是神秘的智，也是自然智。

無的統一性，如上所說，是超越了一切的統一意識，是普遍的，平等的，同時又是分化意識的基礎。所以卽是知情意未分以前、天地未分以前、父母未生以前的意識，把這名之曰「本來面目」，或「佛性」與「法身」。是以禪稱之爲「法身的修業」。但在這個已歸還於未分根本意識而重起分化時，有統一的知情意現前，謂之爲法身佛投入於「無」，而無的統一性，爲智之所推動而出現；說之爲佛的三德——智、斷、恩三德。這是把未分意識的知情意經過了智的分化，而給以三德的名稱。但這三德因為完全以未分以前的意識為基礎；也就是說，從一種統一體上出現，所以並沒有什麼矛盾，是互相保持着調和，以發揮其特性。因之也稱之為「自在無礙」或「神通妙用」。是以禪宗無的體驗，是越過了心、意、識，全是自己根本意識的體驗；同時，橫貫了差別之底，是平等意識的體驗。在佛教哲學上說：相當於法的把握或眞如的把握。在維摩經裏有如下的話：

『法無衆生，離衆生垢故。法無有我，離我垢故。法無壽命，離生死故。法無有人，前後際斷故。法常寂然，滅諸法故。法離諸相，無所緣故。法無名實，言語斷故。法無有覺，離覺觀故。法無形相，如虛空故。法無戲論，畢竟空故。法無我所，離我所故。法無分別，離諸識故。法無有比，無相對故。法不屬因，不在緣故。法同法性，入諸法故。法隨於如，無所隨故。法住實際，諸邊不動故。法無動搖，不依六塵故。法無去來，常不住故。……法離好醜。法無增損。法無生滅。法無所歸。法過眼鼻耳舌身心。法無高下。法常住不動。法離一切觀行。』

眞理，是這樣地超越了一切，獨自存在，不是依存於他的東西。所以說之為：永遠，常恆，無為，平等等。禪宗的無，就是上述的超越法，眞理。故在實際上體驗到，徹見佛性，成功為法我不二，人法不二的人格，以至於現實地打開了涅槃四德的常樂我淨的心境。

第五節 結論

以上所說明了的，不過叩開了見性的第一關而已；此後須進之以更要打破許多關頭而達到見性的堂奧。例如：機關、言詮、難透難解。五位、十重禁戒，順次地透過，纔達到完成之域。雖然，禪的修行，自始至終，無論怎樣地體驗公案，不出見性的範圍。這是因爲達磨原以見性爲禪的標幟的緣故。

但在見性的自始到終的中間，關於宇宙及人生的各種公案的課題，如洞山的五位，臨濟的四料簡，華嚴的四法界，及說在其他經典裏許多要語，都要親身來體驗，以完成自己的獨自性與自由性；最後歸還於原來的無一物，於現實的世界中以盡其宗教的任務。如其他各種宗教似的那些神的有無，或救濟的理論等；在禪方面，全不成問題的；禪是始終的唯將見性的端的爲問題，以之打開眞實解脫的境地——發明佛陀正覺的境地而已。例如禪對於佛教的各種問題，像佛陀觀、解脫觀、眞理觀等等，都是以見性的隻眼來解決的。可是禪的見性，須要師匠的指導和證明；故上面特揭出傳燈一章。但禪不像經典所說的除煩惱而達於正覺的，是依見性而滅煩惱的。關於這種意義，據臨濟的說法，滅煩惱是不得入悟，依於悟卻能粉碎煩惱的。這也是禪的特徵。

第四章　禪的境涯

眞實的超越，是內在的；超越的內在性，是指絕對爲特徵。因爲超越了一切現實的絕對心，是含有現實的一切；超越了相對的絕對無，是含有一切的相對；所以禪的無，不祇是無，是指超越現實的心。在佛教哲學上說，就是「眞如」。若說眞如依於無明而起動搖墮於生滅界，生出相對的一切而成爲萬法的話，那末在眞如的自身，便不可沒有可以成爲萬法的素質。假使沒有這種素質，雖怎樣地被無明風刺戟着，也決無轉墮在相對界的理由。且把這個拿水波的譬喻來說明：水是本來有着動搖的素質，所以給風一吹便起動搖。若眞如上沒有生起萬法的素質，萬法是不會生起的。同樣，無若不含有萬法，也決沒有展開萬法的理由。若倒過來說：萬法祇是依於無而生起，所生的萬法便應一一都是無。這種說法，不外將所有的一切，意味着一面是相對，一面是獨自絕對。把握住這兩者關鍵的禪，既不住於絕對，也不住於相對：是凡聖罔測的達磨所謂「不識」的世界。古人形容為「瞻之在前，忽焉在後」，思之在後，忽焉在前的圓轉自在把握不住的東西，就是禪的當體，洞山說之為「黑如漆，在動用中動用收不得」。這種禪的眞境涯，要在客觀上完全明白，畢竟是不可能的。然而現在假如站在相對的立場上來說絕對界的消息——嚴格地說，禪甚至不住於絕對界的——：那末，山河大地、有形無形、是非善惡、生佛等的一切現象，一一都有其固有的特性獨自存在着，是絕對的唯我獨存，不依存於別的東西而存在。就是：山不是河，河不是山，有形不是無形，無形不是有形，衆生不是佛，佛不是衆生；山是山，河是河，衆生是衆生，佛是佛，超越了比較而發揮其一一獨自的意義和存在理由——這是無可懷疑的本來事實。是以禪，關於宇宙現象的各種各色，是直覺的把握住那種純粹哲學上所謂眞理性和佛教哲學上的眞理性(法)的。哲學者把實際上不能認知的宇宙假定為無限的大，用種種想像與理性描畫出宇宙的構造；禪，不是那樣煩雜的；古人說的「要會，卽直下會」，卽依直覺把握住物的眞相的全體。例如神，是神秘的存在着，可說是不能用我們的知識所得知道的；但這種神秘，只是繪畫在想像世界裏的神秘，不是事實上的神秘。實際上的神秘：若窺見一木一草，就可以徹見宇宙之底，一卽一切、一切卽一的；這是現實的姿態，不須待什麼學說的分類或綜合的研究而得到的東西。一達到絕對的境地，是任何人都一樣地所能體味到的事實。可是這所謂法，正如佛陀所垂示的「雖有佛無佛，千古常存」的東西，因為一切物都本來獨自存在的，沒有大小長短；在禪來說，長的是長法身，短的是短法身。以長短來論法身，雖怎樣論，那自是錯誤，法身的本相，原無長短之別。雖然，這是我們想站在相對的立場上以長短論法身，或從相對的立場要覓取絕對；縱使幸而得之，但這是相對的絕對，不是眞實的絕對。就是把這個雖名之爲「無」，同樣地是對着有以言無，不是眞實的無。什麽是眞實的無。眞實的絕對呢？這是唯有立脚在有與無之外，纔可以得到。換言之：說絕對，便早已不是絕對的眞相；說無，也已不是無的面目了。若契合於離四句、絕百非，那末無的眞相纔活活地顯現。唯其是這樣，所以禪宗的古德喝出「兩頭共截斷，一劍倚天寒」的語句來，指示着得到禪的境涯的方法。在越過了有與無、相對與絕對的對立的意味，這便是截斷兩頭；截斷了的這把無依劍，就倚這絕對無的自然天，放射其寒光。若不超越過有無的戲論，是決不能領略禪的境涯。日本大智禪師，把一劍倚天的境地擬之於日本最高的富士山，詠出這樣的詩句：

『巍然獨露白雲間，雪氣誰還不覺寒？八面都無向背處，從空突出與人看。』

臨濟把這稱之爲「無位眞人」或「無依道人」。所謂「無位」，是擺脫了四聖六凡的階位的意思；「無依」，是不依於菩提涅槃等名相的意思；都是顯現獨自的眞相。故在獨自的境涯上，自然掃絕修證、迷悟等；這種獨脫無爲的境，因爲是不可說、不可唱的絕對境，所以唯有自身的體驗才能達到。試把這種境界移之相對境上，而說明其獨自的境地的看法，例如說：這裏是有一把扇子，不得指搖着扇着的是扇子，又不得指紙和骨是扇子；故成爲扇子的扇子也就沒有。假使說因爲可以扇，則不扇時便不應是扇子；若說紙和骨，則燈籠也應是扇子，所以祇指紙和骨或搖扇的，並不是扇子。但扇子就是扇子，就不加以什麼說明，這畢竟也是扇子。以扇子自己，是離卻言說、因緣，自己就是扇子故，直截地叫做扇子好了。這是扇子獨自的立場，獨露的姿態；不須什麼說明或比較，因爲自己本身就是扇子。在禪的第一義的觀法也是這樣：掃蕩了向來紛紛差別的妄念潛在的影子，說扇子時就是扇子，此外更沒有什麼可資識別。所以這時候，上無可覆之天，下無可載之地，祇是扇子而已；拿扇子的人，搖搖的扇着，此外什麼都沒有；這便是無差別，或平等。一到達了這扇子的境地：物，也是唯我獨尊；心，也是唯我獨尊。乃至自然現象的生死、語默動靜、悲觀、樂觀，絕無比較的都是唯我獨尊，什麼區別也沒有。雖然，這種境地祇不過表示出禪的一面看法，而不是全面的。因爲單是就着這個獨自境地，便成爲斷無之見。那末，另一半面的是具有什麼意味呢？那就是像前面說過似的立足在唯我獨尊的境地，現出人是人的活動，馬是馬的特徵；人不是馬，馬不是人。善與惡異，佛與凡夫異，於平等中歷然顯現差別。換言之：一切差別相，不僅祇是差別，都以平等爲基礎而現差別相者。若唯見平等而不見差別，便墮於常見。是以一切諸法，在無而有，處有而無，無不兼備平等與差別，同具體用；平等與體言無相，差別與用曰有相。是卽一劍倚天寒之境界，亦卽禪的眞面目。一到這種境界，一切行爲，悉歸絕對，沒有不具絕對的活動者。卽古人說的「生也全機現，死也全機現」；或說之爲「生死，是佛的壽命」。這種生，是無關於死，死無關於生，好像「和盤托出夜明珠」似地那樣圓轉自在，無論左轉右轉，轉上轉下，是不會顚覆，而永遠保持着中心。就是說：好像圓形的珠，宛轉的接觸於平面，所接觸的僅着其一點而已。這一點，便是絕對智，根本智；其圓轉的一一處，卽是相對智，後得智。所謂「隨處爲主」，「立處皆眞」，也不外指這種意義（眞者，不被他轉意）。臨濟禪師曾有如下的說法：

『若約山僧見處，無不甚深，無不解脫。道流！心法無形，通貫十方：在眼曰見，在耳曰聞，在鼻齅香。在口談論，在手執捉，在足運奔。本是一精明，分為六和合。一心旣無，隨處解脫。

『道流！卽今目前孤明歷歷地聽者，此人處處不滯，通貫十方，三界自在，入一切境差別，不能回換。一剎那間，透入法界，逢佛說佛，逢祖說祖，逢羅漢說羅漢，逢餓鬼說餓鬼，向一切處，游履國土，教化衆生，未曾離一念，隨處清淨，光透十方，萬法一如。

『若有人出來，問我求佛，我卽應清淨境出；有人問我菩薩，我卽應慈悲境出；有人問我菩提，我卽應淨妙境出；有人問我涅槃，我卽應寂靜境出。境卽萬般差別，人卽不別；所以應物現形，如水中月。

『問：如何是三眼國土？師云：我共儞入淨妙國土中，著清淨衣，說法身佛；又入無差別國土中，著無差別衣，說報身佛；又入解脫國土中，著光明衣，說化身佛；此三眼國土，皆是依變。約經論家，取法身為根本，報化二身為用；山僧見處，法身卽不解說法，所以古人云：「身依義立，土據體論」，法性身，法性土，明知是建立之法，依通國土。』（臨

濟錄，示衆）

這樣變通自在的原因，是由於具備了絕對的與相對的兩面而全體露現的緣故。但因其全在絕對的立脚點，是本來無一物之境；所以發出這樣自在的作用。是以禪的修道過程，從我們的山是山，水是水的現在立場；進入於山不是山，水不是水的否定之境，於此以體驗平等無我；而後出現了山是山，水是水的肯定的世界。第一，相對境界的山和水，一高一低，是矛盾境的存在；第二，由於非山非水掃除高低而成平等，同時脫卻矛盾使兩者互相融合而否定了那矛盾的存在的姿態。第三，進於山還是山，水還是水——那是從平等絕對的百尺竿頭更進一步踏向相對的立場上去。那因是經過了否定的相對，而成爲大肯定的。但因爲這個肯定的立場，不是矛盾的立場，是以平等發動出來的差別，所以這差別，即平等的差別；同時是以絕對作用的相對，所以雖曰相對，實不是矛盾的相對，是般若妙用的相對。故得一一悉轉爲法的光明，置身於常寂光土。在未被否定以前的山和水，自然是煩惱的世界，在苦樂矛盾的相對中；一入否定的世界，苦樂之相泯滅，完全成爲法的世界，菩提的自性身；從這法的世界建設客觀界時，菩提之光四射着原有相對的諸法，所有煩惱，全轉爲大智的妙用。這就是凡夫的知情意，變成了佛的智斷恩三德而出現。所以眞實的禪的眞境涯，在胸中是更無隱藏的無一物，然而也兼備了變通自在的妙用。

唯以無一物，纔得自由地應於客觀而活動，名之曰「無念之念」。無念之念，始生無相之相，以無念無相相待而應於宇宙萬化得以自在活躍的，這是禪之道。以是應於大小，眞僞、絕對相對、眞俗、凡聖之境而無所窮。故若歸納之於否定立場，則萬法悉歸於一，是曰大地無寸土；若出之於肯定方面，則宇宙萬有的現象，無不在脚底湧出。古人將這無一物爲自在之境，讚之爲「仰之彌高，鑽之彌堅」。臨濟以無一物爲變通自在的狀態，說爲「心法無形，貫通十方」；「此人處處不滯，三界自在」；又謂「逢佛說佛。逢羅漢說羅漢」，當教化衆生時未曾離一念。一念，卽指絕對之境；三界、佛、祖、羅漢等，是相對之境。臨濟說：『如眞學道人，並不取佛，不取菩薩羅漢，亦不取三界殊勝；迥然不拘於物。』這就是指絕對的一念。又說：『唯有道流！目前現今聽法的人，入火不燒，入水不溺，入三塗地獄如遊園觀，入餓鬼畜生而不受報』；『入色界不被色惑，入聲界不被聲惑，入味界不被味惑，入觸界不被觸惑，入法界不被法惑』；這裏所謂「入」，指相對界，「不被」，指絕對界。這樣的將相對的客觀化的作用，和絕對的主體性的力，融而爲一，而且連一的痕跡也不着。唯這個心，是「廓然無聖」的端的，是禪的眞相。這亦可名之爲「佛心」，或「眞如實相」，或「第一義諦」。大智有詩云：

『放出潙山水牯牛，無人堅執鼻繩頭。綠楊芳草春風岸，高臥横眠得自由。』

『幸為福田衣下僧，乾坤贏得一閑人。有緣卽住無緣去，一任清風送白雲。』

禪的境涯，是這般無修證，無拘束，無勞力的境涯。古人所謂「飢來喫飯困來眠」者是。這唯是修行者玄中之玄。

水鳥的來去，

雖絕無足跡；
然終有不忘者，
——是其道！

後編

序論

第一章　禪的風格

禪，於世界宗教裏是特殊的，眞是全無其類莫可比擬的存在着。它的風格，是超脫的，神秘的，是詩的；可說之爲把東方性格的精粹，完全發揮出來，把宗教的眞髓具象化出來，也決不是過言。所以體得了禪，就是體得了宗教眞髓；認識了禪，就是認識了東方文化的精髓。以是想參禪的人，必須明確地了解禪的風格，而後可以體得到禪。然而要想領略禪的風格，不若參求禪宗列祖的風格更好。卽如初祖達磨大師的風格，在列祖中可說是最放異彩的一人，眞像岱嶽之聳於雲表，巍然而卓立着。所以想領略列祖的風格，不可不先來一參初祖大師的風格。試看藉着古來高僧畫家的筆，寫成達磨的眞像，那種超脫的風貌，神秘的氣韻，高雅的詩趣，躍如地橫溢於卷軸間，具有浸透了禪的眞境之概。這是因爲筆者自己有着深的禪境和潑剌的禪機，通過藝術的精神而迸發於筆端寫成了眞像的緣故。因之，禪的風味，也被喚起在這樣禪的藝術上，使我們獲得異常生動的達磨精神。

原來藝術的眞境，是從大道最深奧處發出來的；那最深奧處，和禪的究極眞境是有着相通點。禪的究極眞境，是超脫了時間和空間；同時，與時間空間同其無限。一參透這個無限的眞境，於是眞實的超脫性，眞實的靈趣，眞實的氣韻，自然地在感應上流露出來。是以從前的高僧，有自禪走到藝術界；也有偉大的藝術家，自藝術的門走向禪堂。於是這人世間，有藝術家的宗教，也有禪者的藝術。故「禪畫」的作品，是富有超脫味與神韻，深深地具有言外的幽玄高雅的風格。雪竇禪師，開始依詩歌來發揮古來禪匠的禪旨；現在我們也無妨提唱以參禮祖師的道影，能從藝術上體味到禪的深處。

禪宗是和其他各宗派不同，不根據經典而創立，相傳承的是橫徹了經教根源的佛陀正覺的眞境的絕對神性的那一物，依此而創建宗旨，故又稱曰「佛心宗」，亦可名之爲「佛教的總府」。由此以言：禪，不可視爲僅是佛教中的一宗的性質，實是佛教的法源，各派佛教的母胎。故禪，不是一種宗派的名稱，而是於釋尊正覺眞境上所顯現的絕對的神性的名稱。卽中峯所謂「禪者，心之名也」的意味。是以把禪視爲一宗的名稱，正如道元所主張的，說之爲不適當。禪不是宗名，而是佛教根本法的意味，大乘教的眞如的意味，卽稱之爲「佛教總府」也決不是誇大。故在禪的本身沒有似乎一種固守特定的主義，不受任何的束縛，是圓應無方的。所以在現在的禪宗門庭，念佛也可，持咒也可，容許所有各派佛敎的修持，沒有拒絕，這是因具有極富於融通性與包涵性的緣故。可是不得因着這樣，便以爲禪是沒有含着何等規範的。所以者何？禪之所以爲禪，就是一方產生出種種規範的或確立主義的，同時自身決定超越規範，不拘泥於主義的。

禪的根本立場，已如前說過的是在於佛陀的絕對的神性，是以達磨名之爲敎外別傳，古人又稱之爲「聲前一句」。依語言不能表現的以前的一句——父母未生以前的端的，構成了禪的根本原理；若說有立場的話，這個就是禪的立場。但「聲前一句」，說「有」既不可，說「無」也不可；那是超過迷悟的邊際，迥絕了是非的兩頭；所以用文字詮示，或知識解答，畢竟逾求逾遠的。故禪的立場，自不在於經典，寧可說之爲站於沒有立場的立場。

各敎下的佛敎，如他們自己所說的，是以語言所表現了的佛語爲其立場——就是釀成敎祖的信仰，使以確立了的經典爲絕對的根據——以所崇奉的佛語爲依據而創成宗派，由是於經典的理解和意味的探求下想達到佛陀所證的眞理，這是敎下佛敎的立場。在禪和敎的兩者間，既然形成了一是依據佛心的一是依據佛語的宗派，自得說爲全然站在不同的立場上了。所立的立場既異，其風格也自不同；因此以釀成一一獨有的風格，而表示其不同的客觀性，也是自然的趨勢。於是乎，便成立了染上異彩燦然不同的各宗各派。然而各宗派中唯禪是最具有異彩無可比類的一宗，這個宗敎的成立，是沒有必須依憑的一部經典，也沒有特殊指定信仰的一個對象，求其所求的卻完全歸之於自己的神性。是以稱之爲世界無比的宗教，也非偶然。就是它的研究方法和表現形式，也着實有它的特異點。禪：是依於冥想豁然地到達佛陀的眞境，在那眞境上把握住正在躍動的根本生命；而且把這種消息表現在藝術上，成爲象徵化。如三祖的信心銘，永嘉的證道歌，雲巖的參同契，洞山的寶鏡三昧；此外像汾陽和雪竇的的拈頌等，無不出以詩的表現。若敎下各派，照着經典而把那眞理性組織成爲合理的哲學，稱之爲「釋論」而放出理智之光。這種表現式是論理的，且很井然有序，可是和自己的生活差不多似乎是另外一件事，結果是不容易獲得信念的確立。但禪的風格，是依照生活的實踐而建築起來的。假使說：禪的中心是依憑於冥想，那末，在敎團機構的實踐生活上，是給以更大的力量的。可是，若認爲單憑冥想體得到佛心由此表現出禪的風格的話：也許那是從現實的社會、國家、民族的諸問題遊離，終之變爲個人趣味的事情吧。但是禪的風格，確定的說一句：專是憑着冥想決不會釀成的；這方面，自是有祖師的精神及歷史環境等成爲機構的要素而傳承下來，同時隨時代的推移而不斷變動，但雖經變化而恒不失其自由的。

禪法傳來和禪宗開創，當然是達磨大師，達磨嗣二十八祖般若多羅之法，八十餘歲西來；所以特開創禪宗者，那就是因於時代的要求。當時中國佛敎的情勢及時代的動向，便是促成禪宗開創有力的助緣。這就是說：達磨到來時代中國佛敎界的趨勢，偏向於學理研究一面，可是應把佛祖的眞精神滲入生活行爲實踐上的事情，似乎被淡然忘卻。達磨對慧可說：『知道者多，行道者少』；又說：『知理者多，悟理者少』；依這些話來看，便明白當時的傾向。又若在別方面考察中國的思想界，如儒家及道教的學說非常盛行，在文化的發展雖有所貢獻，但眞的成爲發揚文化的原動力的宗教作用——文化否定的半面意義，卻是沒有被理解到。生活的宗教，是熱，是情意的力；禪是擔任着這方面的使命，和生活打成一片，建立了以情意救濟爲中心的宗教。所以禪，不是知的宗教，而是意志的宗教，是情操的宗教，且是非合理性的宗教。因是，一方面契合於老莊無爲的哲學，一方面投合於詩的性情；而在原有的佛教及儒家道教以外，別開新的生面，形成了獨具風格的禪宗。尤其是達磨傳道的態度，是從來傳道者所沒有的，例如他一知道梁武非其機，飄然地跑到嵩山少林寺面壁，以待求道者；這也可說是洒脫，也可說是詩的襟度。藉此，也可看出他是具有自己的獨自的風格的人。更把這照東方思想的根底來說時，他是橫透過每個民族精神的底源，把文化否定的超越性表現出來，顯示着那種高遠自覺的嚴肅的態度。這種態度和崇高魁偉的風格，向來在藝術上所象徵的人心的解放方面，是負有它的重要的任務。現在特殊地成爲禪的思想根幹的大我，卽是表現出東方民族精神的源底的思想，是哲學、道德、藝術的原理的最高峯；所以禪，是東方文化思想的精粹和源泉，同時也互相相應的把東方人的生活力強其使之發展以鼓舞其熱力和意氣。

但是禪的風格，較之其他宗教的風格，是覺得非常寬容而不易把握的東西；這也無非對於禪的立宗基礎的「不立文字教外別傳」的話，把握不住，似乎以爲指着別個天地而已。古來禪匠常說：「我宗絕言句，無一法與人」；或嘯出：「禪宜默不宜說」；這些話頭，依於立宗的趣旨上，是必然發生的格語，也明顯地表示着禪是非合理性的宗教。是以禪，是極乏概念性的，不單是不得成爲研究的對象，且如達磨說的「禪之一字聖凡罔測」，聖者的測知，尙且拒絕，況其他乎。這是什麽緣故？就是眞理，只有眞理自身的表示，始是完全；如自己，只有自己認識自己，纔是確實；這裏是斷不容他物介在其間，爲是直接的境界的緣故。好像燈火，依着自己的光而得完全表現出自己的容姿。假若不是自己來知自己，眞理來說眞理；那便非眞實的東西，僅不過是那種陰影罷了。概念的智，不是認識物的眞相的智，不過認識物的陰影來摸索區別其他的陰影而已。因着這樣的理由，禪，是依於直觀智或直覺作用，且將要使之表現於行爲上，生活上。換言之，就是使之直覺到「聲前一句」，在這上面要使之更生，這卽是「禪行」。要之，禪，不是概念的智或觀念，無疑地是捉住直覺自身經驗的事實。以是說：「勿住無佛處，有佛處急須走過」；「說個佛字，滿面慚惶」；這些話裏，甚至連佛之一字亦不許存在。把理性的作爲悉數除卻時，於是本來的自己就堂堂地活現，創造出永恒常新的面目。成功爲知處無不卽是見處，見處卽造處，造處卽成處。舉凡活生生的現實，顯現着自己和所有的一切打成一片。由於桌子是自己，自己成桌子的實經驗，那纔是眞的桌子。同時是無的自己，雖瞬息之間也不會凝滯在一處的。這是不外乎詩的生活的基本的性格。

第二章　禪的語意

如上所述的禪，是超越的，神秘的；可是是創造出唯一本來的生活價值，眞實意義的文化。所以就發生的時代及發達的沿革上來看，常常地發現到對着人間生活賦與特殊的風趣——禪味。但是想追蹤它的足跡，檢討它的內容，要把它成爲組織化；那是不可能的。寧可說將禪的地位或存在理由爲基礎而來下以必要的勞作。基於這種意味，現在想把出現在公案上的禪，與以一些組織的探究，或能知道一些賦與人生的是那一種味。以下就根據將這個線索試以觀察。

禪，不專是爲理解的知識，是透徹了一一知識的精神的根底，是不絕地活動着的普遍的絕對的生命，是人類活動的基礎，是永遠地在我們的血肉中躍動着，使血肉成爲血肉的根本的動因，在我們的生活上所有的行爲，都是藉着這個動因的躍動而充滿着溢力而向上。祇是在實踐生活裏下着工夫的人，纔會發見；所以道：「我宗無言句」。故禪，首先須深深地內省的思惟，以觸到那個動因而得自覺到主人公。但思惟有邪正，自覺有淺深，決不是一定的；在這裏須要有批判的鑑別。於是佛祖的言教就成為有所必要了。照着佛祖的言教纔得到正確的方向，倘是沒有判別思惟與自覺的正否而探正去邪時，便墮於我執妄見，不能達到絕學無為的境地。是以禪，一方淵源於非合理的立場，一方又須有絕對批判的作用，着着關心於一切現實態上，規定着破邪顯正的實踐行動。是故禪，對於規矩嚴正的生活上的眞面目和嚴肅的綿密的用意，是成為不可缺少的東西。

所謂禪，梵語是 Dhyana，音譯為「馱衍那」，「第耶那」，「馱那濱那」。禪那，是巴利語羌哈那的音譯。都有「注意」「思索」的意味，意譯為「深思」「靜慮」；也有意譯之為「思惟修」「棄惡」「功德叢林」等。前者為新譯，後者為舊譯。大智論十七說：

『諸禪定功德，總是思惟修也。禪者，秦謂思惟。』

法界次第上說：

『禪是西土之音，此翻棄惡，能棄欲界五蓋等一切諸惡，故云棄惡。或翻功德叢林，或翻思惟修，今不具釋。』

功德叢林者，集功德猶如叢林義；思惟修，是表禪的實修。其他的兩種，是表其效果，即「靜慮」，因修禪而心自寂靜，且「慮知」客觀對象為義。在圓覺經疏說為三觀之一：

『梵語禪那，此言靜慮。靜卽定，慮卽慧也。謂欲求圓覺者，以淨覺心，不取幻化及諸靜相，便能隨順寂滅境。』

又慧苑音義上謂：『禪那，此云靜慮，靜心思慮也。為舊譯思惟修之略。』照這些意義考察，是以靜妄想之慮知，靜心而達於眞正之理的意義。也有說之為「制心一處而離俗緣，遊於三昧寂靜之境」。這些一切一切，都不外靜慮的解說；此外，最明白的說靜慮的意義者，就是次所引的話。

『試略而言：禪非智無以窮其寂，智非禪無以深其照；則禪智之要，照寂之謂，其相濟也：照不離寂，寂不離照，感則俱遊，應則同趣。功玄在於用，交養萬法。其妙德也：運羣動以至一而不有，廓大象於未形而不無、無思無為而無不為。是故洗心靜慮者，以之研慮；悟徹入微者，以之窮神也。』（禪修行方便經序）

『無禪不智，無智不禪。然則禪非智不照智非禪不成。大哉禪智，可不務乎。』（禪要序）

照這樣說來，禪的本質，不是客觀的眞理的理解，而是使自己的妄見妄情成為靜寂，以之發揮智用而達於眞理，這是可以極明顯的理解得到。以是在僧史略裏說：

『禪者，卽定慧之通稱，明心達理之趣也。昔菩提達磨，觀此土機緣，一期繁紊；乃曰：不立文字者，遣其執文滯相也；直指人心見性成佛者，明其頓了無生也。』

明示出提唱不立文字的眞意，且說出含有不是完全否定或排斥經典的研究的意味。這種說明，禪者應引為可注意之點。復次關於「禪定」這個名詞，略說之如下：

禪，就是禪那的略稱，譯爲靜慮，且重處在於慮；「三昧」，是定的意思，重處在於心歸靜寂而得鎮定的意義。故禪定是智和定的意味。現在再來說明定——三昧義。三昧是 Samadhi 的音譯，也有譯三摩地，三摩提，三摩帝的。又照這些音上是有「總持保任」的意思，所以依之意譯爲「等持」。更有意譯爲定、正受、調直定、正心行處等。由是得知，三昧，是將散亂粗動的心集中於一處的意思。在大乘義章十三記曰：

『定，當體為名。心住一緣，離散亂故名為定。三昧，是外國語，此名正定。定如前釋；離邪亂故為正。正受者，正如前；納法稱受。』

定，卽是心離散亂止息一處義。「正心行處」者，法界次第釋云：

『三昧，此言正定，亦云正心行處，謂衆生之心，從無始以來，常不正直；得此三昧，心行正直，故名三昧。」

又大智度論卷二十三云：

「三摩地，秦云正心行處。此心無始以來，常曲不端，得此正心行處，心則端直，如蛇入竹筒內。』

這兩書解釋是相同，不外心定卽正的意義。所謂「調直定」者，法界次第釋曰：

『又云調直定。衆生心行，常不調、不直、不定；入此三昧，能調、能直、能定，故名三昧。』

云何名「等持」？在慧苑音義上及圓覺經疏所敍：

『梵語三摩鉢提，此言等持。昏沉掉舉皆離，曰等；令心專注一境，曰持。』

蓋離卻昏沉與掉舉的兩邊，把心集注於一境，則心歸平等而住一境者是。

照上所舉述諸書的解說，禪和定的意義可明。三摩地或三昧的特色，是在於純粹地把精神集中的狀態，不是肉體修練的意味。然而禪那——靜慮——，自然是使精神平靜，但在棄惡中的五蓋如睡眠蓋，也存有肉體的關係，所以兼着肉體的修練。這是和三摩地——定有所不同。若把這嚴密地來區別：定相當於止，以寂靜爲義；禪相當於觀，以正見爲義。止之與觀，如車的兩輪，一失均衡偏於任何一方時，便不能到達於悟境。若偏於止，便失卻心的活動；傾於觀，心便散亂而失正見，故須保持禪定並進，止觀均等，以之得達悟境。大乘起信論止觀門說：

『所謂止者，謂止一切境界相，隨順奢摩他觀察義故；所謂觀者，謂分別因緣生滅相，隨順毘鉢舍那觀察義故。』

上，是制止精神的亂動而使之澄清，卽將心集注一境的意思；觀，觀照一切對象的實相，卽運用正智的意思。又瑜伽師地論卷四十五云：

『於諸法無所分別，當知名止；若於諸法勝義理趣，如實真智，及於無量安立理趣，世俗妙智，當知名觀。』

如此，禪定和止觀，名雖異而意義則同。

原來所謂禪定，並非創自佛陀，是詳說在印度六派哲學中的瑜伽論，係婆羅門敎徒實修的法門。但禪定的意識及實修法雖是同一，可是它的目的卻大異。就是婆羅門敎以自我爲中心，用禪定的方法而求達到「梵我一如」的境界；佛陀則以無我爲基調而修禪定。佛敎的禪定，是達於空、無相、無願三昧而入於純無我境爲目的。換言之：沒卻個人的自我，超越過超個人的意志，更否定了超個人的意志的梵而達到第一義空的境地爲目的。由是將主觀的自我與客觀的諸法所生起的繫縛的一切障礙，都從此解脫而顯現諸法實相的面目，而且體現自我根據的眞如，成功自我卽眞如，得到那個正覺。這是因爲捨卻婆羅門思想的苦行主義，否定了「梵我一如」的自我，以體現絕對的無我境界爲三昧的正意；所以三昧者，卽是超越一切諸法而以開顯無我平等境地爲意義。佛陀當在正覺的光明爆發時，卽說「我爲勝者，爲智者」；這是由於純粹無我的基調而超越了三界的自覺的宣言。以是和婆羅門敎修禪的立場及目的，在根本的趣旨上，絕對是大相徑庭。

第三章　禪的本質

禪，是敎外別傳的佛敎。然則傳什麼於敎外呢？傳敎外的東西，不是別的，就是禪的本質。大燈國師說：「相傳者，無一法相傳」；黃檗禪師說「傳，契也」，又說「唯默契」。默契，卽自己經驗自己的一心是。所以在本書的緒言裏，劈頭就說：『禪是超越了一切的對立與界限，是純一絕對心的名稱』。如此契合於心，卽默契的意味；所謂見性，也不外這種意味。所以如有以什麼法相傳的理由，也不能存在；故大燈說：「無有一法相傳」。故所謂默契者，是指禪者的精神生活上的究竟心的經驗的事實的意味；可是這經驗的事實，就是禪的本質。

我在上面曾說過這樣的話：『所謂釋尊的正覺，亦不外自內禪定圓熟的境上發動了自覺的光明罷了。禪宗，也完全和這一樣，以坐禪爲心華開發唯一之道，以決死的精神，而期達到禪定圓熟之境。同時，在圓熟的境上，必然地有着從自己的內在（以下與上文稍有出入——譯者註）所自發的心靈的飛躍的事實，這是每一禪匠自己所有的經驗，是無可懷疑的客觀的事實。』這不過是關於禪定最後的心的經驗罷了。然而這個經驗，在各種妄見存在的時候，那是不可能的：必將佛見，法見、有見，無見一切超越過而入於禪定三昧境時，始經驗到心靈的飛躍。這個經驗，不外就是敎外別傳的禪的本質。所以禪的本質和禪的敎理，元來是有着明顯的區別的。但照一般學者的說法，謂：禪是屬於大乘佛敎中的般若系的敎說所產生的東西；或謂是從華嚴敎系發生出來的東西；也有說是楞伽經系統的產物；但這些觀察，都是把禪的敎理和禪的本質混同了的緣故。

禪，根據歷史及傳統上的觀察，是和大乘敎的各種原理相關聯着而發生，發達傳播而來的東西。就是不以一經一論爲所依，而以究徹大乘基本的原理，體現佛敎的精神爲使命。因之關於禪的敎學說，則用達磨多羅禪經等；或以萬有的本源爲眞心之點時，便採用楞伽經；若說爲如來清淨禪，也取楞伽經；倘說及禪定功德，就依圓覺經；其他的像法華經的唯有一乘法，楞嚴經的妙明眞心，華嚴經的圓融之理，涅槃經的佛性常住觀，般若經的空觀等等；無不爲自家藥籠中物，自由地擷集大乘經典的精華。可是應知道這等敎理，是禪的說明，不是禪的本質。與其那樣把禪的經驗的事實來象徵化了的成爲敎理的學說的處理加以敍述；倒不如直接來敍述禪的經驗來得確當。至於禪的本質，卽使怎樣地說明，敍述，解釋，也畢竟是道不出來的。再若就公案加以考察，這便很明顯地可以了解。卽是一切公案，都可說以經驗作中心的，或者也可說是經驗的指導或暗示的。所以公案對於沒有經驗的人是完全莫明其妙的，祇有經驗的人以自己經驗的事實，如實的知道。禪的本質，完全是非敍述的而是經驗自身的東西。是故縱使如何地明徹教理的人，關於禪是什麼，便就一點也摸不着頭腦了。

然則禪的經驗是什麼呢？首先可舉出的是見性，第二是行解相應。見性，如前說過了的是徹見自性，開發自性，自覺到本來具有的佛性。換言之：是把說在經典裏的理想變爲心證，將心性發現爲事實。第二行解相應者，謂把那種自內證的表現出來成爲現實的實踐行爲，心證與行爲相應，而成爲一如的人格活動。

見性，是靈的自覺；這個自覺，當然伴同着外面的表現。不僅僅是外面的表現，且透過那表現而盡其全力使之契合於自己內證的源底。表現，便成爲歸還無限的活動。體現到這個自內證的第一人，不必說自然是佛陀。超過了三界的生死，於一如海中顯現眞心，置身心於大悟的眞際，成爲行解相應之覺者之所遊履。禪，因爲是這樣大悟的事實，所以沒有靈的自覺，壓根兒不會顯現。舉出自己的整個生命，安置在絕對否定的肯定之場面上再蘇生轉來，纔是參透「無」的創造作用。例如臨濟驀直地喝，德山當面地拜是也。他們的超越的心靈，是和現實一致地成爲無的創造作用的源泉。無的創造作用，是這樣地存在心身一如的事實上，若把這個做爲客觀的來說，就是在直觀着事實的本身。是故禪的本質，以禪所特有的絕對「無」的體驗爲意義，又把這個體驗爲基礎而顯露出身心一如的躍動。更說一句；和物成爲一如，生活在物的當體上，向物悟入者是也。故物和心，物和我，沒有個別的存在，物是我，我是物。若說我是無，那末我也不可不是物；若說物是眞實的物，那末那個物也不可不是無。由是，謂之以世界的無來建設世界的眞實相的意味的人格活動，這就是見性。

若把這說到行解相應的方面：那末，禪的特色自在於自內證，可是把自內證的眞理活現到日常生活的全體上去，這尤爲主要的特徵。照達磨說的「知理者多，悟理者少；悟道者多，行道者少」的話裏面，也就可明白「道的實踐」是怎樣地主要的東西了。就是在佛敎敎理來說，同樣地第一原理的法性，多半祇是停留在於觀念上，不被實現到實踐上來，也就見出敎學的大缺點。佛敎原來的立場，無論大小乘，都是在於實理的實踐，而不是在於觀念；可是事實上說，多數是落於觀念遊戲，而未能向實踐化方面邁進。然而禪的特徵，全反乎此，爲是實踐的行爲故，所謂「行解相應，名之曰祖」。闡明祖的意義，也就明了禪的特徵。禪門以入悟爲解悟，卽是爲警誡那些不兼備行爲實踐偏墮於悟的觀念的人而說的：所以譏之爲「金鎖銀環之病」，或「向上死漢」。故宜不滯遲在向上一面，打入於差別境中而活用其理想，這樣的禪，纔是活的。換言之：成爲「行也禪，坐也禪」的禪生活，展開到日常之間而全不離開這個。是以禪的本質，除卻在內在外的體驗的事實外，沒有別的；這是內外一如的。

禪的本質，如上敍過的是內外一如體驗的事實。表現於外的，我們根據古人的行爲是可明白；但最不易窺見的，是內在的靈的自覺的事實。就是說的悟或內證：到底悟什麽？證什麽？所謂見性是什麽意義？這些雖在前面已說過，但現在想就經典所說的再來略述一下。

法華經中長者窮子的譬喩，是爲着忘卻自己和佛陀同一本性的心性的衆生給以啓示。在雜阿含經卷十二上說：「緣起之法，非我所作，亦非餘人作。雖彼如來出世及不出世，法界常住。彼如來者，自覺此法，成等正覺，爲諸衆生，分別演說。」由是得知佛陀的自內證，卽爲法界常住的一心。然而一心的眞理，是絕對，是唯一無二；其絕對唯一的心，不外乎起信論說的離言眞如。就是超過非想非非想，滅一切受想，踰越了自我境地的絕對心；那是純粹地「無所有」的體現。滅盡定涅槃的體得，就是佛的悟；唯一無二的一心，就是現起無所有境界的一心。這一心的體得，是佛的涅槃，是正覺。而且這不僅是現在的佛陀，就是過去諸佛，未來諸佛，也都是證到這個一心而成佛的。照阿含經的說法，這個一心，就是成佛的中心。經中又謂：「我於此法，自知自覺，成等正覺。」那末古今諸佛，都證一心而成佛，這個一心，必定是永遠地常住法界。唯其是這樣，纔可說爲三世諸佛同一證悟。進之，這個一心，是以宇宙而爲一的心，所謂「一切法一心」，「一心一切法」者是。識得這個心的時候，卽道元說「山河大地是心，日月星辰是心」了。悟者，卽識得此心，以是道元說，「悟者，是明一心也；明者，是自心之明也。」這是最簡單的說明悟之內容者。

就佛陀成道方面來說：佛陀成道，覩見東方明星燦爛光輝的一瞬間，心靈一轉，脫卻一切煩惱，自己的一心和宇宙心一體不二的自覺由是展開。同時，也體得了宇宙心和一切有情都具有完全平等的本質。如此的宇宙的一心，自然是普遍的，是永劫的了。唯在迷的時期中，名之爲無常遷流動搖轉變無有所止的心；但由於悟，便名之爲常住不變的一心。這一心自覺的體驗：自迷方面曰解脫；自理想方面曰涅槃。故解脫和涅槃，不是兩物，不外把一心依於悟和理想兩方的說法而已。這個絕對的一心自覺體現，是佛陀成正覺的內容，同時便是禪的本質。故禪的本質，也得名之爲宇宙的一心自覺體驗的事實。因之，這個一心自覺體現，是成爲禪的教法的根本。禪的公案和坐禪，都成立在這個一心之上，而且必須和這個一心有着關聯，公案和坐禪纔有意義。

第四章　禪的公案

中國禪法的發達，始於後漢時代禪經的翻譯；自是以來，以修禪聞於時者很多。若佛䭾跋陀門徒智嚴、寶雲、玄高、玄紹等，羅什門下僧叡、道生、慧觀等，其數亦頗不少。更如達磨西來之前的寶誌、傅翕，鼓吹禪的思想，卽爲禪的公案的先驅。如此，在達磨到來時，可以知道禪法已在盛行。但若宋代以後禪的史家說：後漢以來的禪，多是小乘禪，大乘禪可說是由於達磨傳來的；這按照歷史上的事實來說，是有許多可疑的地方。何以故？在大乘經典研究的最盛時代，唯說禪是小乘的話，這是不容易使人首肯的。尤其是因爲在佛䭾跋陀羅、鳩摩羅什等攜來大乘敎典，努力着翻譯傳播研究的時候，不可不推定當然也是研究到大乘禪的問題，以促成其進入大乘行的實踐。況道宣律師的高僧傳，在習禪篇中編入了許多禪宗以外的習禪者。據此，大乘禪的傳持者，不一定得說在達磨之前是沒有。而且我們硬說大乘禪始自達磨，這個論證尙未找到。這全因爲達磨的行狀缺着明瞭性，在考據學上也難得證明的緣故。

談到中國佛敎的狀況，南北互異其趣，自南北朝時代，就分出理論方面和實踐方面。北方以羅什及曇無讖爲中心而盛行着經論的翻譯，註釋；從事推動理論方面的發達。但是南方反乎此，以慧遠、慧思等爲中心，盛行着實踐的敎法。然佛敎的實踐是分主觀客觀的兩方面：客觀的是念佛，主觀的是修禪；一到唐代，更加發達，形成念佛與修禪的兩大宗門。特殊地修禪的發達，甚至可視爲與漢族的哲學思想相結合而禪宗興盛。若得說理論的研究是外的研究，那末實踐便是內的研究。內的研究的中心，當然是指要求心悟佛敎的根本精神，不拘泥在經論章句上，是欲直探根本精神，這便是植下不立文字而傾向於禪的旨趣。所以禪將大藏經喻於指月之指，排斥忘月執指之徒。這樣地直參佛敎的根本精神的，是禪的面目，禪的特徵，上面屢已述過了的。

然若離開宗派的佛敎，依佛敎本來的立場來說：佛敎是具備有理論和實踐的兩面，所以佛敎中的任何一派，也自具備着這兩面的。從客觀法門來觀察念佛門，就是念佛實踐方面，在理論也備有頗發達的哲學；觀察主觀法門的禪，也很顯然地有着理論——哲學，而且也是頗發達的。唐時宗密，卽是致力於禪的理論發達的人。照禪宗實際狀勢，在六祖慧能時代分成南北兩派，北禪是主漸進；那末或卽得說：在修禪上也兼着哲學——理論兼實踐平行着進展的，是成爲漸進的罷。據神秀是七百人的敎授這件事來推察，也是會得到這個結論的。然而南禪，是頓悟的，是排斥理論方面的發達，極力努力於眞修方面的發達，結果如現在的禪宗，成爲沒有什麼敎義爲禪的基本。換句話說，就是成爲非理論的非哲學的禪，這便是禪的一大特徵，在其他任何宗派，絕沒有像這樣的。但是說非哲學的禪不是說沒有法門的意味，是說沒有像其他各宗那種敎相判釋的哲學的意味。然則，禪是拿什麽來傳法門？拿什麽來表現其法門呢？那末，試讀祖師的傳記，就可以得到明白的解答。禪的祖師傳記，不僅是以祖師寫傳記，就在傳記裏可以顯現出禪的法門。那些祖師的語錄，就是表現禪的內在的經驗記錄，所以不專是傳記，且是法門的記錄。凡是祖師的語錄，都可以讀出這種意味。禪，是依據於實際的人法不二而成立的，法離開人，是不存立的。因之，傳記是人的記錄，同時也是法門的記錄。如臨濟錄中的：『道流！佛法無功用處，祇是平常事，屙屎送尿，著衣喫飯，困來卽臥；愚人笑我，智者乃知焉。』若這些事實，不就是法門的記錄嗎？又碧巖集第一則，以達磨接化梁武帝的事而成爲公案，這似乎是將歷史的材料作爲法門的說明。禪家的祖師傳，大概是用着這個方法來說法門的。這種法門，到後來漸變成公案，拿來做爲學者的功課。所以公案，是依於人法不二的立場法門；這種法門，也有用動作來表現的，也有依問答來表現的。但那種動作及問答，完全是實際生活的本身；因爲實際生活的本身，就是祖師的法，更沒有別的概念的法門。所以祖師的實際生活就是公案，實際生活之外便無公案可舉。這是依據禪的本質來說，是當然的歸結；換言之實際生活的法，又莫不是公案。

公案語的祖錄，是始見於丹霞天然和龐居士的問答中。丹霞生於西曆七三九年，在唐穆宗長慶四年——西曆八二四年八十六歲示寂。故公案的發生，是達磨來後凡二百二十年頃。到黃檗的時代，似乎廣被使用起來。日本天龍的夢窗禪師的「夢中問答」記云：「自圜悟、大慧，設公案提撕之方便」，這話恐有錯誤。因爲在六祖以後的祖師傳記，是全般記錄着相問答的話頭，故公案的提撕，也很顯然地已在於圜悟之前了。就是說公案語發生於丹霞時代，已嫌稍後，實際的提撕，應上推至始於南嶽時代。

顯示禪的法門，是藉於問答；然問答完全是道地的實生活，所以我們以公案爲中心，在這裏可以找到活現的禪的要旨和禪的妙用。關於古來古則公案的舉揚，似乎沒有一定的標準規則在那裏，差不多祇是雜然地記錄着，純是隨時臨機自由的評唱。試看碧巖集、無門關、從容錄等的目錄，都是這樣的。又在那些書裏舉揚的數目上也沒有一定。如百則，三百則，八百十三則，四則，四十八則，二十五則，九十九則等，似乎連一些什麼組織或分類也沒有。卽使其中雖似稍稍地用了分類法，不過那種分類，似乎照着問答的形式，順着師資相承的年代而已；至於問答的內容，完全沒有加以考慮到。類如汾陽十八門，初見似乎縝密，實則其種目相互的界限不明瞭，而且其分類不免過於抽象。因之，想獲得具體的明白禪的法理，自然深覺有不滿足之感。再拿禪宗頌古聯珠通集來說：雖分爲世尊機緣、菩薩機緣、大乘經偈、祖師機緣的四部分，也祇是使人便於想見各師家的宗風或爲人的手段而已。是以想靠着古人公案的分類而獲得明瞭禪的法理的發展，那是畢竟沒有希望的。所以本書根據各種語錄，尤其是依照碧巖集及無門關等，試探求禪的根本義或禪的經驗的意義，希望爲欲了解公案的人聊供資助耳。

本論

第一章　禪的根本法

第一節　廓然無聖

禪的根本法，試就碧巖集中來觀察時，首先不能不舉第一則「聖諦第一義」。想來圜悟禪師編纂碧巖集的意趣，也就在這裏，所以揭之爲第一則。然因爲禪的根本法，爲立宗開教的基本，故首先宜明示以達磨到來的第一聲；縱使這個問答在歷史的事實上是靠不住的，可是應知道公案的內容不必祇限於達磨的問題。就是任何人所明示的，根本法是不會發生變異；換言之：即使古人假托達磨垂示，但在法的價値上是絕不會覺得有絲毫增減。現在專以法爲中心的考察，是不問歷史上的根據。

本則的主要點，在於「廓然無聖」一語。梁武帝問的「聖諦第一義」，是立脚於佛敎的二諦觀。蓋總括一切佛敎敎義爲眞俗二諦，諦是眞理的意義。武帝問的是二諦中的眞諦的眞理，這所謂第一義，決不是自證自悟的意思，是指敎義中的眞理的意思。然達磨答出來的廓然無聖，意謂禪的根本法，是敎外別傳的，不是敎學上所說的聖諦；故廓然無聖之語，可說是明示出禪的根本法的端的。

達磨對武帝的第一義之問，爲什麼答出廓然無聖呢？於是先有考察第一義的意義的必要。楞伽經集一切法品二中說：

『大慧復白佛言：「世尊！為言說是第一義？為所說是第一義？」佛告大慧：「非言說是第一義，亦非所說是第一義。所以者何？謂第一義聖樂言說所入，是第一義；非言說是第一義。第一義者：聖覺自知所得，非言說妄想境界，是故言說妄想，不顯示第一義。言說者：生滅動搖，展轉因緣起；若展轉因緣起者，彼不顯示第一義。」』

由是觀之：第一義者，很顯明地是佛自證自悟的眞境界，爲超越凡聖之境。所以達磨答的廓然無聖，正示着自證自悟之境。武帝問的第一義和達磨答的第一義，意義相異；問的是二諦中的眞諦的第一義，達磨答的卻是自證的第一義。自證之境，原自超越了眞俗二諦，是涅槃絕對之境，是難怪武帝不得了解。若問爲什麼把這個叫做自證之境？因爲廓然無聖之境，是超越了一切迷悟凡聖是非得失的清淨自由無礙之境故。且達磨不僅是顯示出第一義是自證境；實則也是揮動廓然無聖的慧劍，向着武帝的垢意塵情的敎義知解的頸頪上截斷一刀，洒洒落落地在救濟的立場上提唱出來，這也是不可忘記的。圜悟的評唱有云：

『帝與婁約法師、傅大士、昭明太子，持論真俗二諦。據教中說：真諦以明非有，俗諦以明非無；真俗不二，卽是聖諦第一義；此是敎家極妙窮玄處。帝便拈此極則處問達磨：「如何是聖諦第一義」？磨云：「廓然無聖」！天下衲僧跳不出，達磨與他一刀截斷。』

圜悟是以中諦爲聖諦，這是根據肇論不眞空論的解釋。今更出瑜伽論九十五中釋云：

『由二緣故名諦：一法性故，二勝解故；愚夫有初無後，聖二具故，偏說聖諦。』

照此，那末所謂聖諦者，是說聖人所證之境的意義。然而廣弘明集裏說：

『梁昭明太子曰：「所言二諦者，一是真諦，二名俗諦；真諦，亦名第一義諦。」』

這就是我們將聖諦第一義說之爲眞諦的所以然；因爲武帝與昭明太子原是一道在持論着二諦的緣故。然現在指聖諦爲眞諦的意義，同時也爲瑜伽論所說的意義，都不外是說敎中所說的甚深的妙理而已。但說到妙理，其體湛寂，其性虛融，是無名無相的東西，是不容我們思議的，所以圜悟說之爲極妙窮玄之處。武帝是把這個妙理在自己的理性上作爲一種觀念來憧憬着，以之問於達磨；所以達磨答之曰：「廓然無聖」。因爲禪的根本法，正是截斷了敎中所說的妙理，自有其自由無礙之境，超越了一切，是無佛無衆生無古無今的境地。這個境地，就是禪的根本法。

圜悟把這境地的價值說之如下：

『所以道：參得一句透，千句萬句一時透，自然坐得穩把得定。古人道：「粉骨碎身未足酬，一句了然超百億。」』

就是說：若參得廓然無聖一句透脫時，雖百億劫的生死也得超越，穩坐於法的根本的法位，把握着自己的本分，所以成爲天上天下唯我獨尊，成爲世界的主宰。世界，就是現實歷史的世界，爲絕對「無」的自己的限定作用而成立的；擔任這作用的中核，是「無」的人格的自覺體，雖在世界之內，然也是超出世界的；活生生地在歷史中生存着，卻是創造出歷史的，於是名之曰主宰。這種宗教，纔可說是達到宗教的究極之境地。

第二節　藏頭白海頭黑（第七十三則）

前節說明了「廓然無聖」，是禪的根本法。然因了這個問題遺留下來，正如雪竇頌裏說：「豈免生荊棘」；始自馬祖，以及翠微、臨濟、雲門、香林等的問答中，都舉出這個公案。

『舉。僧問馬大師：「離四句，絕百非；請師直指某甲西來意！」馬師云：「我今勞倦，不能向汝說，問取智藏去！」僧問智藏，藏云：「何不問和尚？」僧云：「和尚敎來問。」藏云：「我今日頭痛，不能為汝說，問取海兄去！」僧問海兄。海云：「我到這裏卻不會。」僧舉似馬大師，馬師云：「藏頭白，海頭黑。」』

這個問意：以達磨西來對武帝答出的廓然無聖，喝破了佛陀敎說的眞俗二諦都爲「無」，而否定了一切相對的知識，抽象的觀念，盡把人間創造出來的一切議論離絕；但是到底達磨將來了的是什麼東西呢？請求馬大師指示的意思。可是答的：一個推「勞倦」，一個推「頭痛」，一個推「不會」，於是把這個問題弄得更加莫明其妙；以致後來的祖師關於「西來意」的問答，無慮數百次翻覆的商量，也就是種因於此。也得說祖師西來意問答的開端，是始於馬祖，亦未嘗不可。「離四句，絕百非」：就是把否定，肯定，折衷，懷疑，一切諸說，無不離絕淨盡；那末依於言說的問答，垂示，說法，也自無不被否定；但既否定了一切的達磨，畢竟將什麼來呢？舉出問着。禪，原來是不立文字，是否定了相對的絕對的一切言說，使歸之於廓然無聖。把這種說之於宇宙論上去：未嘗不可視爲要人體得諸法實相，絕滅了一切相對的思念而住於法的法位。從這些「勞倦」，「頭痛」，「不會」方面考察：也可以說是已把諸法實相赤裸裸地答出來了。換一句話：等於問着「如何是祖師西來意」？答：「柳綠花紅」。因爲是廓然無聖故，就是說：一一的法無不住於一一的法位，柳是綠，花是紅。這是把本來面目依於動的方面顯現着的來看，自沒有什麼錯誤。所以馬祖說：「藏頭白，海頭黑」；也等於說：鷺是白的，烏是黑的，山是高的，水是長的。而且這個想用理論言詮這樣那樣來分別，畢竟是不可能的；何況像「離四句，絕百非」的消息，自祇絕言。故「藏頭白，海頭黑」的語句，卽是完全超越了會不會的眞如的活現，是絕對的眞面目，也是提示了廓然無聖的端的。

再言之：離四句絕百非之處，是無說無聞之境，是不容什麼一切論理之處。故圜悟垂示曰：

『夫說法者，無說無示；其聽法者，無聞無得。說旣無說無示，爭如不說！聽旣無聞無得，爭如不聽！而無說無聽，却較些子。』

僧肇有云：『去無說者，豈曰不言？謂其能無所說；云無聞者，豈曰不聽？謂其能無所聽。其無所說，故終日說而未曾說；其無所聞，故終日聞而未嘗聞也。』蓋絕對眞理，是無說無聞之境，故終日說而非說，聞而非聞。以是，指眞理爲四句百非離絕之端的，是廓然無聖，是「不識」；故馬祖謂「不說」，智藏謂「不知」，懷海謂「不會」。只是不說，不知，不會處，尤宜實參實悟才是！

第三節　併却咽喉唇吻（七十則、七十一則、七十二則）

『舉。潙山、五峯、雲巖，同侍立百丈。百丈問潙山：「併却咽喉唇吻，作麼生道？」潙山云：「却請和尚道！」丈云：「我不辭向汝道；恐已後喪我兒孫！」』（七十則）

『舉。百丈復問五峯：「併却咽喉唇吻，作麼生道？」峯云：「和尚也須併却！」丈云：「無人處斫額，望汝！」』（七十一則）

『舉。百丈又問雲巖：「併却咽喉唇吻，作麼生道？」巖云：「和尚有也未？」丈云：「喪我兒孫。」』（七十二則）

百丈懷海禪師，嗣馬祖法，住百丈山大雄峯，時潙山五峯雲巖爲丈侍者。百丈先問潙山閉卻咽喉唇吻如何說禪？就是和前則所舉出的問答相同，離四句絕百非如何說禪？在百丈自己，自然有一定的見解，然爲啓發學者，故作如是問。但潙山卻說：「請和尚道」。百丈對他說：「我向汝說沒有不可以的；可是一說出來，恐已後要死絕了嗣我法的人呢！」這明顯地指示着：若以言論傳於人，便是一種學說，不是教外別傳的東西。別傳之法，是在於直覺的妙悟；意思是說靠語言相傳，是會絕卻禪的後繼的人。雪竇頌云：『十州春盡花凋殘，珊瑚樹林日杲杲。』「十州春」，是仙山之春，春雖美，無如春盡花殘，春亦不留。言論也是一樣，辯論達於極點，便是忘言絕慮，畢竟歸之於無。在這裏是誕生出自知自證的大悟；這個大悟，是永遠地恆放着光彩。

次則中，五峯卻轉向百丈，請他也須閉卻唇吻。百丈答的意思，似乎說：「那末等你在獨居無人之處悟了再說罷！」

在雲巖答的「和尚有呢？還沒呢？」百丈的意思，這樣依次問他們三人，可是都還沒有捨卻言句；所以慨然地說：「喪我兒孫」！這就是說：若不捨言句，是死卻嗣我法的人呀！

百丈這樣的向三個人要他們併却唇吻的說。這就是示出禪的根本法，絕非藉着語言來傳的，在絕言絕慮處的是根本法；所以命他們超越了語言思路的答出來。但潙山卻用逆襲的方法：若依語言可以道得出來，那末就請和尚道罷！百丈說的意味：禪，雖也得運用四句百非的言論，唯言論畢竟是不可能。五峯可說是唯向着廓然無聖處奮進；雲巖懷着言表不可能的意思而回答；若捨言論，即是離絕法。這些都是爲着關於達磨的「廓然無聖」的疑問遺留下來的緣故，發生出來的問答。

反之，從禪的收放自由的立場來觀察：可看做溈山等三人，都在自受用三昧中，卻要來驗察百丈的意味。溈山說：「卻請和尙道」！這不外想驗察百丈的心境，意謂：若語言可得表現，就請道出來，弄逆襲的手法，要坐斷百丈的舌頭。故圜悟稱之爲「把定封疆」，卽是塞斷敵路的意思。五峯說：「和尙也須併卻」，這是截斷衆流的手段，意謂卽凡聖也難窺。雲巖云：「有也未」？意謂第一義是有語言否？爲不解絕言絕慮者作如此說。百丈說之爲「喪我兒孫」者，和答溈山方面不同：對溈山說的是顯示言句未生以前的；對雲巖說的是警誡以言句不生；故不可同一視之。要之：這個問答，是百丈問着三個人，言句未生以前的一機，「廓然無聖」的端的應該以如何表現的話頭。

這是按着將自己的全體歸還到父母未生以前，迫不得已地吐出的一句；這一句，不是搖唇鼓舌弄出來的語言。禪是得說在眼能聞在耳能見的，不外是全身全靈發出來的作用。就在這裏，也不能不期待於離了言語思惟的禪機的活作用。

第四節　翠微禪板（第二十則）

『龍牙問翠微：「如何是祖師西來意？」微云：「與我過禪板來！」牙過禪板與翠微，微接得便打。牙云：「打卽任打，要且無祖師西來意！」牙又問臨濟：「如何是祖師西來意？」濟云：「與我過蒲團來！」牙取蒲團過與臨濟，濟接得便打。牙云：「打卽任打，要且無祖師西來意！」』

這個問答，恐在龍牙壯年行脚時代的事情。龍牙向翠微與臨濟兩老漢處用同樣的問，兩老漢出之以同樣的答復。照這樣，達磨的西來意，可知在那個時代是個問題；所謂達磨將來的禪是什麼呢？在禪僧問是鬧着一個問題。所以龍牙也問「如何是祖師西來」意。對於這個問：翠微說給我拿禪板來；臨濟說給我拿蒲團來。這似乎是提示出超越了否定與肯定的向上底禪，可是龍牙不會，照着兩老的話遞給着禪板和蒲團，卻被兩老打了一頓。這雖不外是向上接化的手段，但龍牙仍不會，嚷着打卽任你打，我要的是西來意的「無」。元來龍牙把禪專解爲否定一邊，意以「無」，卽爲禪，祇把達磨「無聖」的片面爲禪，不解那「廓然」的意義，故唯將無意的否定方面來應用。但翠微與臨濟，都是超過了否定和肯定，差別和平等的向上義爲禪，欲提示非禪道，非佛道，超越聖凡的向上一著，故說「過禪板來」，「過蒲團來」。圜悟評唱裏說：『大凡激揚要妙，提唱宗乘，向第一機下明得，可以坐斷天下人舌頭』，這卽是說翠微、臨濟兩人的機用：『儻或躊躇，落在第二』，是評龍牙的作略。又謂：『且道：當機承當得時，合作麼生？他不向活水處用，自去死水裏作活計，一向作主宰。便道：打卽任打，且要無祖師西來意』。這是說當時過與禪板和蒲團的立場。「死水裏」者，是指墮於平等的一面而沒有差別的作用，所謂「西來無意」，不外這個立場。圜悟更引用同樣的公案說：『不見僧問大梅，「如何是祖師西來意」？梅云：「西來無意」。鹽官聞云：「一箇棺材，兩個死漢。」』都評之爲墮在無事無爲中去，沒有活用的意思。

若再來檢討翠微和臨濟的作略；與我過禪板來過蒲團來的話頭，似乎要試試龍牙的作略，這是假設的，所謂「權」者是；接得便打，這是所謂「實」。以權實自在得用，禪纔潑剌地躍動。換言之：將否定、肯定、放行、把住都超越過，而且拿這些來自由運用着，這就成爲「禪機」。像對龍牙這樣墮陷於否定的一面中人，更必須打破這個死窟而使之達於活用。雪竇頌云：

『龍牙山裏龍無眼，死水何曾振古風？禪板蒲團不能用，只應分付與盧公。』

這是說龍牙原欲向翠微和臨濟張舞其爪牙，可是以止住在死水裏，而且是沒有活眼的瞎龍。死水，是說無有那種像翻天倒地般的怒濤的活力，也到底不能振起達磨的眞風。怎知龍牙是瞎眼是死水呢？因爲他都不能使用禪板蒲團也。雪竇的意思：假使那禪板蒲團分付到我，便要大大地賣弄一下。

總之：關於這個公案，依於龍牙和翠微、臨濟三個人，示出禪的根本法，現成的就是絕對無，因爲一滯凝在差別、平等，否定、肯定的任何一邊，便失卻自在的作用；若超越了這些兩邊，把這些自在地使用起來，便是禪的眞實義。

第五節　坐久成勞（第十七則）

『僧問香林：「如何是祖師西來意？」林云：「坐久成勞。」』

香林嗣法於雲門，是唐末時人。祖師西來意，是橫貫着唐朝三百年間的問題，是多少禪師爲了這個疑問而發問的。現在於龍牙翠微之外，更舉出兩三個例子：

『僧問九峯：「如何是祖師西來意？」師云：「一寸龜毛重九斤。」』（空谷集）

『僧問趙州：「如何是祖師西來意？」師：「板齒生毛」。』（空谷集）

『龍牙問洞山：「如何是祖師西來意？」山云：「待洞水逆流，卽向汝道。」』（空谷集汾陽錄永平頌古）

『僧問洛浦：「如何是祖師西來意？」師云：「青嵐覆處，出岫藏峯；白日輝時，碧潭無影。」』（虛堂錄）

這些語錄裏，對這個問題問答被記錄出來的有二百三十餘則，都彙載在公案大成集中。然而爲什麼答的都不同？那是因爲禪的根本法，是超越了一切的無生法，是離卻形式或概念的，所以無礙自在絕不會爲任何所拘束。也得說：祖師西來時，全宇宙都成爲祖師西來而現前。恰如說：不是神存在於萬有中，卻是萬有存在於神中；因爲萬有都存在西來意中，任取一物也卽無不是西來意。雖龜毛之重九斤，青嵐覆藏峯，白日照碧潭，何莫非是西來意本來面目！是故西來意，絕非固定的概念，而得成爲無礙自在的表現。所以古來高僧，各自應其境，通其機，而自由自在地拈答。

然而許多答題的裏面，當以香林的「坐久成勞」爲最優，故深爲雪竇、圜悟所推賞。「坐久成勞」者：照字面上，似說「坐得疲乏了，」不外累得辛苦的意思：但這一句竟成爲名答，是什麼緣故？一讀雪竇的頌，就得明確的了解。

『一箇兩箇千萬箇，脫卻籠頭卸角馱。左轉右轉隨後來，紫胡要打劉鐵磨。』

一說到西來意，一般人便以爲達磨是將來一些什麼法似的，實在是一塵一法也不立的，纔是禪的本眞，所以壓根兒將來的法一點也沒有。可雖是那麼樣，卻總以爲是將來了什麼東西吧？於是乎求法覓禪的人不是一箇兩箇，卻有千箇萬箇那麼多的人去行脚。原無可求的法，也無可參的禪，但是大家總是何苦來苦勞萬千！香林是這樣說着。使人聽到這話，似乎自然地會把向來擔在肩膀上的一切問題放下，奔放自在，煩惱菩提一齊脫落，變成洒洒落落光風霽月的狀態。倘是仍有些罹着參禪病公案病跟人屁股後東竄西撞的傢伙，那末就要像紫胡打劉鐵磨似地給他三十棒，醒醒他的迷夢——這是雪竇的頌意。

圜悟對於雪竇的頌，說着如下一段話：

『雪竇直下如擊石火，似閃電光，撥出放教倆見。聊聞擧著，便會始得，也不妨是他屋裏兒孫，方能恁麼道。若能直下便恁麼會去，不妨奇特。「一箇兩箇千萬箇，脫却籠頭卸角馱」，洒洒落落，不被生死所染，不被聖凡情解所縛，上無攀仰，下無己躬，一如他香林雪竇相似。何止是千萬箇，直得盡大地人，悉皆如此；前佛後佛，也悉皆如此。』

這麼一看，在「坐久成勞」裏面，得知具有一切超越、一切脫落之境；同時也得知達磨的廓然無聖，是否定一切，且就在把否定也否定了的絕對否定之當處，無礙自在的境地乃現前。

第六節　黃檗撞酒糟漢（第十一則）

『黃檗示衆云：「汝等諸人，盡是撞酒糟漢，恁麼行脚，何處有今日？還知大唐國裏無禪師麼？」時有僧出云：「只如諸方匡徒領衆，又作麼生？」檗云：「不道無禪，只是無師。」』

黃檗是和前節擧出了的潙山、雲巖、五峯，都在百丈門下，領得禪是不在咽喉唇吻間，是超過語言以上的東西。所以示衆時說：「禪是廓然無聖，一塵一法也不立，可是你們卻依據經論祖釋或公案，祇是咀嚼着古人的糟粕，何苦來！這樣來行脚，把今天的光陰到底送到那裏去呢？求個什麼？畢竟在什麼地方得個安心之境呢？還不知道大唐國裏沒有禪師嗎？」這樣的訓示着。時有一僧問道：「諸方叢林集了許多的徒弟統率指導着的是幹什麼呢」？黃檗說：「不是說沒有禪道，祇說的是沒有師父，禪是不靠着師父可以得到的，宜自證自悟纔是。」這段的訓示，是說禪是在乎行，在乎體驗。禪是不立文字，所以無說：禪是自證自悟，所以無師。然而因爲當時石頭希遷和其他的禪匠、在江西湖南間，頻頻地提唱以禪道示衆，所以黃檗吐露出這樣肝膽。

照顧自己的脚跟下，找不到轉身的活路，決不能接觸着那樣洒落的風光。宗敎的原理：自然不祇是久遠的和理念的，而且是永遠的現在，遍在的此處，是超絕了時間空間的。

第七節 結 論

禪的眞理，一切都是自己所有，故此外更沒有什麼可求，求則益遠；唯照顧自己，也決沒有向他可求。要之：祇是透徹那不可得底而已。

達磨西來的眞意，不外「不立文字，敎外別傳，直指人心，見性成佛」罷了。簡言之：不依一切說敎理論，直指在汝之心，一旦抓住了自己所有獨自性的那個核心，就會在那安住處發生出來。故古人云：「道本圓成，何假修證」！也有說：「人人分上，豐富完備」，更有說：「人人具足，個個圓成」。祇這個圓成底，原不待於外物，唯是充足乎己；更不受任何約束，具足自由自在；道破了，亦不外是「廓然無聖」非合理的合理而已。南泉說「平常心是道」的公案中云：

『南泉因趙州問：「如何是道？」泉曰：「平常心是道。」州曰：「還可趣向否？」泉曰：「擬向卽乖！」州云：「不擬爭知是道？」泉云：「道不屬知，不屬不知；知是妄覺，不知是無記。若真達不疑之道，如太虛廓然洞豁，豈可强是非也。」州於言下，大悟。』

（傳燈錄卷八）

平常，是平穩常住的意味，遠離生住異滅等諸相的心境。說佛境界經曰：

『文殊言：「菩提無形相無為。云何無形相？不可以六識知故；云何無為？無生住滅故也。」』

無爲無形相之道，不可名，不可說，任何語言亦不能表顯故，根本亦非因修而得。如盤山和尙說：「三界無法，何處求心？」因爲凡是可求的，必是被限制的東西。不可得不可說之道，若向之擬議，就在這個刹那裏失卻道的眞相。南泉說「道不屬知，不屬不知」者，就是表現出道的超認識性。所知的是妄覺之境，卽分別思慮之境；思慮分別，是對立的分裂的東西；知的世界，是沒有生命的活動，是個無活躍的死體。宗敎的眞的實在，是超知超不知之境，全不是對立的，所謂「言詮不及，意路不到」的東西。唯立足在直觀的體驗之境的人，可以觸到那種風光，把握着那種妙味。這就是南泉說的「若眞達不疑之道，如太虛廓然洞豁，豈可強是非也」的意思；達磨之所以說「廓然無聖」，也着落在這裏。這個境界，是具有無限的廣大和無量深邃的世界，不着一纖雲翳歸於純粹意識之境。這就是意識的超過意識而歸還於意識無意識的本源的境涯。然後，那纔是眞的獨自性自然的容姿，這個境涯裏根本無有可師；祇是自已歸還於自已，顯現自己，此外別無他道。這是歸家穩坐之境。首山在示竹篦公案中記着：

『首山和尙拈竹篦示衆云：「汝等諸人，若喚作竹篦則觸，不喚作竹篦則背；汝諸人且道：喚作甚麼？」』（傳燈錄卷十三）

「觸」，卽是肯定；背，就是否定。離卻這否定肯定的兩邊，纔觸着「物自體」，把握得「物自體」。故禪的根本法，是在於第一義的絕對境，這個境，應知道是朕兆未分以前，主客未立以前的物自體，是意識自體的獨自境；故黃檗說之爲「無師」，百丈示之爲「併卻唇吻」。然而不可忘記了另一面的存在，便是第一義自體的作用，偏陷墮在無師及併卻唇吻的一邊時，卻會失掉法自體的作用；故在翠微禪板公案所指示出的，正恐為欠缺着朕兆未分以前的一機而變成死物，這也應須加以注意。是以香林的「坐久成勞」，以顯出法自體之超越修證；馬祖的「藏頭黑海頭白」，以指示其超越性本然之姿態。三祖的信心銘中說的「多言多慮，轉不相應；絕言絕慮，無處不通」，在沉默中見出宗敎的根源；在這沉默的神秘中現出永遠，無限光明絕對的姿勢。此所謂：「多言多慮，離眞傷神」；「道箇佛字，拖泥帶水，道箇禪字，滿面慚惶」者是也。禪的源底，究非語言可得表現；禪的眞實相，不容有閑言語、閑妄想的餘地。除「敎外別傳，不立文字，直指人心，見性成佛」之外，別無可求之道。不立，卽是直示着不容語言文字，原來怎樣就是怎樣地直接啓示着眞理。否定，就是不改本相的肯定；併卻唇吻、無師，無聖、西來無意的世界，就是那樣地的藏頭黑海頭白。整個都是「風休花尚落，鳥啼山更幽」的世界，偏界不藏恆時現成的世界，人人具足的世界；這是一字不說的世界，是公開的神秘之境。起信論云：

『若離心念，則無一切境界之相；是故一切法，從本以來，離言說相，離名字相，離心緣相，畢竟平等，無有變異。』

一達到這種絕對境，是處處無礙，事事通達的大用現前。古人說：「言語道斷者，是一切言語也；心行處滅者，是一切心行也」。這就是顯然地說：若徹底地到了言語道斷心行處滅沉默的神秘境界，自然地從這裏發出一切言語一切心行無處不通的達於自在境界，成爲一切法之光明。

故言語及思慮，並不是完全妨害於禪的，不過禪的本源，言語及思慮是達不到的境地，這境地切勿忘記了是主客未分以前的境地！然而一旦達到本源而歸來見一切，就在一切中，堂堂地顯現其本源；所以若僅僅以否定的片面視爲禪，那是大錯特錯。應知道這否定也須予以否定、在否定盡處有大肯定——大用現前不存規則的無礙境。若不明白這點，就落於雪竇禪師所說的：「龍牙山裏龍無眼，死水何曾振古風」中去。

第二章　禪的宇宙觀

第一節　序　言

「天地同根，萬萬一體」，原是肇論中的話，但可視為禪的宇宙觀；華嚴宗所謂「六相互具」的哲學，同時也是禪的哲學。然若舉其不同點，那便是華嚴說緣起，而禪則略緣起，唯說其結論而已。關於華嚴四法界的分類說明，禪也沒有那樣檢討其理由，僅就四法界直示之使之體驗罷了。所以禪對於哲學的論究，一任之於教學，但照教學所論究了的最後的結論，把它直移之於行，使之成為實踐的行為。就是把理論出發在現實上，而為自己的自在的使用，以體驗自己卽是宇宙的眞理。在這點上，和華嚴哲學有所不同，同時也有着禪的特徵。

禪，不是以六相圓融相卽相入之理法為觀照。若僅止於華嚴的觀照世界，那末那種現象界和睿智界的相即之理，謂較天臺敎學有着什麼優越感，這也正難說呢。然在華嚴，終沒有達到以海印三昧境界之理論加以反省，不以自己爲眞實六相圓融之主因，於森羅萬象的一一境上發揮其高遠之理論。

第二節　相

「相」，是相狀，現代語所謂「現象」者是；實則這個名詞還不够表顯相的眞實的意味。華嚴之相的意味，是含有因相狀而觀察其內在性狀的意味，是和那說的「人相」，「觀相」的那種相同義，相其萬狀之相而觀察到平等、差別、獨立存在、總持、生住，異滅的六相之意。是據現象而觀察其性狀的意味，名之曰相。

一、陸亘　天地同根（第四十則）

『陸亘大夫，與南泉語話次。陸云：「肇法師道：「天地與我同根，萬物與我一體」；也甚奇怪！」南泉指庭前花，召大夫云：「時人見此一株花，如夢相似。」』

「天地與我同根，萬物與我一體」的觀念，和佛敎的「一味平等」的話同意味。不知這觀念，在中國創自何人。但顯著發表出來的，是莊子齊物論的「天地與我並生，萬物與我爲一」的一語。天地間萬象，自其異的方面看，沒有一物相同的；就其同的方面看，在萬象間自有着共同普遍的原理，秩序整然地有着一絲不亂的相狀。畢究怎樣會是這樣的呢？那是依着自然的大法則為根本，從那個根本上生起萬象的緣故；所以說「天地與我同根」。又從自然大法以觀萬物的生起，那末，萬物都是法的顯現，都是同體的；所以說「萬物與我一體」。換言之：宇宙萬有，是存在大法中，而大法又普遍的遍在於萬有中；大法，就是為萬有的內在生命，無時無地的不在躍動着。這卽是榮西說的「天地待我覆載，萬物待我生存」的意思。榮西所說的我，是指禪的絕對的心，但也畢竟不外是自然的大法而已。所以萬有由法而賦以生命，由生命的躍動而生生化育，顯現出一一獨自的存在相。碧巖集第四十七則垂示云：

『天何言哉！四時行焉；地何言哉！萬物生焉。向四時行處，可以見體；於萬物生處，可以見用。且道：向什麼處見得衲僧？離却言語動用，行住坐臥，併却咽喉唇吻；還辨得麼！』

萬有的本體與作用，不外於大法、由此也可以明白。若這樣地立腳在原理上來觀察萬有，那末，就可以理解得萬有上生住異滅四相，完全由於大法的作用；生住異滅四相循環無終的，完全依於大法的本體。因此必須知道，所謂滅，不單是破壞，其中還胚胎着生。

天地同根，萬物同源的事實，已為現代科學所證明。萬有的相異，唯原素的化合的不同，一一原素原子的相異，也祇是電子的數量與安排的相差異耳。說電子為極微的原素的科學，把這個叫做「物質」；在佛教名之曰「法」。不過一是實驗的，一是觀念的，但在主張萬有一元的理論，沒有不同。

萬物與我一體觀：在存在的價值上，也是萬物與我一體的；同時萬法都是互具互有的相保持着，所以在我與非我的互相關係上，也不可不視爲一體的。然而這個一體觀，總括了華嚴四法界的綱領，卻被中國的古聖一句道破了，這種識達洞見的慧眼，明確偉大的智力，祇有使我們驚嘆。雪竇頌云：

『見聞覺知非一一，山河不在鏡中觀。霜天月落夜將半，誰共澄潭照影寒！』

非一一之「一一」，是「一之一」義。一是數之始，物之極。老子說：『道生一，一生二』，所以一，是指絕對的或最勝的意味；淮南子云：「一者，萬物之本也，無敵之道也』；照這些意義來看，也可理解到「一一」是「一之一」義，指絕對的或極致的意味。然而現在映在我們的感官上的見聞覺知的物象，不是物自身的極致之眞相；山河大地映在我們的眼簾上的姿態，是鏡中之影，而不是山河本身的原形。東坡詩云：

『橫看成嶺側成峯，遠近高低各不同；不識廬山真面目，只緣身在此山中。』

我們的見聞覺知，由於立場的不同，所得觀感也不同；所以僅憑見聞覺知，想達到物的眞相極致，那是辦不到的事，好像廬山由於立場不同，而異其觀感似的。自平等的觀點來觀萬象，萬象和我爲一體；從差別的觀點來看萬物，一一萬物都是獨立的存在着。然而所以不知其眞面目者，宛如身在廬山中與萬象存在於同一的世界之故。是故欲達到天地同根萬物一體的事實，那末應如雪竇頌語的後二句，立在萬籟沉寂無聲的夜半的絕塵之境上，恰如到了澄湛了澄潭似的心境，纔可以體得。「誰共澄潭照影寒」者：是說身入這樣地清寒之境，得誰來共相欣賞呢！這句，不外是誘導參禪之徒的話罷了。

依着上頌所示出的萬物一體的體驗，自然是指棄揚了感覺而達於清澄的心境，始能明顯的體得這個事實。

二　雲門塵塵三昧（第五十則）

『僧問雲門：「如何是塵塵三昧？」門云：「鉢裏飯，桶裏水。」』塵塵，是六識對象的六塵，卽是指客觀的一事一物。在華嚴經疏中說：塵塵，萬物也。三昧，是三摩地或三摩提的轉訛；有「安住」與「總持」二義。謂華嚴四法界中「理事無礙法界」與「事事無礙法界」，攝於「塵塵三昧」一語中。

這則公案，是拈出華嚴經中的「一微塵中入三昧，成就一切微塵定」的話頭，約要的名之曰塵塵三昧。就是說：雖一塵的微物，亦入於事事無礙法界（總持）；一切的物，都得成就理事無礙法界的正定。謂萬象，是互具互有的總持；同時，安住於一一法位，獨立存在。問的人，是要求將這個意味表現爲塵塵三昧；可是雲門對他答的話，意在不必依傍着經語，飯盛在鉢裏，水盛在桶裏，這就是萬法總持之境。雪竇頌曰：

『鉢裏飯，桶裏水：多口阿師難下嘴。北斗南星位不殊，白浪滔天平地起。擬不擬，止不止：箇箇無裩長者子。』

對「塵塵三昧」的問，雲門答以「鉢裏飯桶裏水」，這雖擅具口才的雄辯家，也不容有開口處。北斗星位於北，南極星位於南，各各安住着絕無高下之殊。然而畢竟所爲何來，在平地掀起滔天之浪似地那樣生出各種議論呢？原來萬有，都自安住一一的法位，絕沒有什麼高下之別。「擬不擬」，謂半信半不信的疑念不能去懷；「止不止」，謂在議論上「已乎」，「不已乎」地攢鑿着；一箇一箇的那眞活像忘卻自家的本鄉，流浪到他國去甚至連裩子都沒得的資本家的兒子一樣。這是爲着參話禪完全不知道自己是什麼而頌出的。

以上舉出的公案：前者，爲要使觀察關於禪的宇宙觀的總意義；後者，爲要使明白對於禪的宇宙觀的內容的任何一物都是具有萬象相關的意義。而答前者的南泉，卻指以「一株花」；答後者的雲門，卻拈出飯和水。不用理論表現，都就目前的事物以示之，要使之依此而體驗到法；在這裏，也可明白了禪的直指的方法。若把萬物一體或塵塵三昧祇成爲理論的概念的東西，那就與物游離，想要得到萬物一體的體驗，事事無礙的實證，究不可能。所以南泉和雲門，都是直指着物而使之實證。禪之所以爲禪，實存在於此。

復次，若舉出禪的表示而相當於六相者，則試如下述●

萬法總持：

『一塵擧，大地收；一花開，世界起。只如塵未擧花未開時，如何着眼？所以道：如斬一綟絲，一斬一切斬；如染一綟絲，一染一切染。只如今便將葛藤截斷，運出自己家珍，高低普應，前後無差，各各現成。儻或未然：看取下文！』（第十九則）

像一粒微塵似的這麼細小的一現象，卽大地的事象都收在這一塵裏。雖見到一朶花開着，就是見到世界的事象在發動。這便謂雖一物生起，也有關係到整個的世界，所以圜悟在第八十九則評中說明：

『華嚴宗中，立四法界：一理法界，明一味平等故；二事法界，明全理成事故；三理事無礙法界，明理事相融，大小無礙故；四事事無礙法界，明一事徧入一切事，一切事徧攝一切事，同時交參無礙故。所以道：一塵纔擧，大地全收，一一塵含無邊法界；一塵旣爾，諸塵亦然。』

依此，也可明了一塵擧一花開，便是事事無礙的說明。而這一塵一花的開擧，是暗示出悟的端緒；但是沒有觸着那種開擧的初學的人，應怎樣着眼呢？說明萬象相互的關係：好像一綟絲，一段斬斷，就是全綟斬斷，一段着染，就是全綟着染似的；那末，一塵與全法界相關的事實，也便很可以明白了。上面說的，是用辯證來顯這個道理：「卽今便將藤截斷」，就是說不用辯證論理這個葛藤，祇是運出自己的叡智，便是「高低普應，前後無差」，任何人都得現實的成就了的事。

第。同、異：

『恁麼恁麼，不恁麼不恁麼，若論戰也，箇箇立在轉處。所以道：若向上轉處，直得釋迦彌勒文殊普賢，千聖萬聖，普皆飲氣吞聲；若向下轉處，醯鷄蠛蠓，蠢動含靈，一一放大光明，一一壁立萬仞。儻或不上不下，又作麼生商量？有條攀條，無條攀例：試舉看！』（第十則）

「恁麼」，便是「這樣」，是肯定；「不恁麼」，便是「不是這樣」，是否定。否定與肯定的論戰，各據其立場。若據其差別的立場來看，萬象的差別相，歷然地可以指點：若據其平等的立場來看，萬象是一味平等。所以轉眼向上看，釋迦乃至天下宗師，無非一味平等，絕沒有彼賢此愚的那樣氣燄可言；又若向下一看，雖蛆蟲蚊子，也都是有絕對價值的存在，都放大光明儼然地獨立着。所以就萬有自身的立場來看，也卽有兩面不同的相狀，這因爲是大法兩面的作用之故。但歸還到大法本身的立場來看，是差別卽平等，平等卽差別。若在既不向上也不向下沒有轉動時，說之爲差別亦可，說之爲平等亦無不可。當這個時候，圜悟質問；把宇宙萬有應怎樣的來推理審判呢？假使在不上不下若有商量的條目，不妨試舉看！沒有條目，也應舉個比例看！這是要求參禪之士，首須於平等觀、差別觀、獨立存在觀得個立定脚跟的消息。

復次，在第五十則中說云：

『度越階級，超絕方便，機機相應，句句相投。儻非入大解脫門，得大解脫用，何以權衡佛祖，龜鑑宗乘？且道：當機直截，逐順縱横，如何道得出身句？試請舉看！』

若能超越階級及方便的差別觀而立足於一味平等觀，問者答者的主觀纔得互相感應，言句投合。果得這樣超越入大解脫門得到解脫的作用，那就大致和佛祖站在同一位置，得爲宗乘的規範；也就能當機裁決，名之爲在逆順境上得個自在出身之句。這則主要之點，是着眼在立於平等觀上始得立在佛祖之位，於逆順境都得自在活動的意思。

在第六十則中說：

『諸佛衆生，本來無異，山河自己，寧有等差。爲什麼却渾成兩邊去也？若能撥轉話頭，坐斷要津，放過卽不可！若不放過，盡大地不消一捏。且作麼生是撥轉話頭處？試舉看！』

生佛原一，山河自己本是同體，爲什麼卻變成兩箇東西呢？換言之：爲什麼把同一的東西卻看成差別呢？若風穴開展鐵牛之機，雖審決禪的指導的原理，可是若唯把這個放過，便是不可。一放過，佛是佛，衆生是衆生，山河是山河，自己是自己，都成兩橛。倘不放過，纔是撥轉話頭，踏進到平等立場，便得統一盡大地的現象，掌握收來，不消一捏。然則，怎樣得撥轉話頭呢？在這裏卽是說轉差別觀而還歸於平等觀者是。

試看上錄的三則垂示：第一則，是述平等觀和差別觀。然差別是依平等展開的，所以差別的一一，都具有絕對的價值而發揮其一一獨自的光明。這是最正確的差別觀，無遺憾地表明了禪的差別觀。禪的差別觀，不是說從相對立場來觀萬有而曰差別，以絕對法的顯現而觀萬有的。因之，差別的一一，無不是絕對的法；古人說的「生也全機現，死也全機現」，也不外這個道理。根據着這個立場，那末，煩惱也不是煩惱，就是絕對的法，是宇宙的精神，是本性。所以古人也說「煩惱無可除」。這是禪的辯證理論達到究極點，現在若一較華嚴的四法界中的事法界，自然是較爲更加超越的理論。所以者何？華嚴的事法界，是說全理成事，在這裏因理的觀念過強，所以於事的絕對發展的意義未免頗受妨礙。換句話說：因爲過被理（觀念）所束縛，似乎失卻事的獨立的存在。

第二則，說眞解脫人，以站在第一義的平等觀故，各自得到自在的機用，機機相應，言言相投，更無矛盾；達到這個立場，方得適應逆順之境而說法。所以把這看做闡明平等觀的絕對價值，亦無不可。

第三則，是以說明還元到平等爲中心。這樣地致力於平等的說法，緣禪的立場是始終在於絕對的獨自境的緣故。

成、壞：

『垂示云：快人一言，快馬一鞭，萬年一念，一念萬年；要知直截未擧已前。且道：未擧已前，作麼生模樣？請擧看！』

快人，就是機變靈敏的人或越格的人，有擧一而知十的敏感；如駿馬見鞭，怒奔千里似的才氣；絮絮地轉彎抹角的那樣的話是不必要的。攝萬年於一念，一念能括萬年者，是須要有物未生起之前已直覺到。然則，未生以前，畢竟是怎麼樣子的呢？請轉一個答語看！

「一念萬年」，語本三祖信心銘；念，謂注意事物不忘，或應於事物而心呈作用的意思。瑩山注信心銘語：「目擊問盡三世，一念頃包十方」。現在這裏是說某物的存在，從過去流轉到未來，是萬年的一契機；卽瑩山所謂「目擊問盡三世」。今簡約地說之爲「一念萬年」。在這個立場觀察萬象，萬象流轉而實在。流轉，卽生住異滅四相的交替。滅，不僅是滅，是含着生住異的三相；生，同時又含着住異滅故。若以直覺觀照未擧已前：自滅相流轉於生相，生相經住異而爲滅相，滅相又轉爲生相，是以過去無限的年代與未來無限的時間，在一念間實現。而且是以現在爲這個契機的，故抓住這個契機，方能抓住過去和未來的無限的時間。於是趙州擧初生孩子的公案中說：

『僧問趙州：「初生孩子，還具六識也無？」趙州云：「急水上打毬子。」僧復問投子：「急水上打毬子，意旨如何？」子云：「念念不停流。」』（第八十則）

這是示出肉體及精神的流轉相。

以上，是說明關於宇宙萬有實相的平等差別，生住異滅，獨立自存，萬法總持。

第三節　法

宇宙萬有，自相上觀，則爲六相互具之一大組織。華嚴的摩尼珠網，是最巧妙的譬喩。宇宙萬有，是無始無終地無限地持續着。恰如一一的摩尼珠發一一的光明，互相反映，互照一切；全宇宙一一之法，亦無不互相照而遍一切，所謂「光明遍照十方界」，都是法的作用，實現無限。又好像一光明珠異滅，別的一光明珠生起，無始無終地持續不斷；就是其運也，宛轉自如，沒有什麼滯礙。就是任何物，任何事，都不得障礙它的運行，所以是無限的自由。這，就是自然的大法，是眞理。

故「法」者，是萬有的實相，卽是依六相推理到的眞理；而且其存在也，非存在乎現相之外。據實來說：六相的自身，卽是法。第六十五則垂示中云：『無相而形，充十虛而方廣。』由是，得知法決不像含有超越的神的那樣臭味。原來禪的特徵，是直指之法，所以避免那些抽象的話，就直指物的自身，使其自知自證的。因之現在也同樣地名之曰法，避免抽象的名詞，使於隱約間悟得此法。

一　法及其所在

『聲前一句，千聖不傳，未曾親覲，如隔大千。設使向聲前辨得，截斷天下人舌頭，亦未是性懆漢。所以道：天不能蓋，地不能載，虛空不能容，日月不能照；無佛處獨稱尊，始較些子。其或未然：於一毫頭上透得，放大光明，七縱八橫，於法自由自在，信手拈來，無有不是。』（第七則）

說到萬象未發前一句，雖千聖也不能傳授一言。這般超越絕對之法，恐任何人也道不出半句隻字。雖然，倘或未曾見得絕對法的人，那就和法相距離，白雲萬里。假使說：某人辨得天地未發以前的法，揮其廣長之舌，欲使閉卻天下大衆之口，那又不得名爲伶俐漢。因爲法是無邊廣大，天也不能蓋，乃至日月也不能照的緣故。倘在無佛之佛——報身的彌陀藥師等還沒出生的地方，了解得獨尊的法，那是得說爲知道一些法的人。然而這樣的說明，祇是知得概念上的法，不得說是已把法具體的知道。而且在這樣說明上，易使人誤認絕對的法好像存在於萬象之外。所以在這裏特爲一些仍未明了的人，就直示以眼前的微細的東西，使之體驗；這微細的東西，即是絕對的法，絕對的法，不存在於這微細之物以外，現象以外。

禪的絕對法這樣的被指示着，決不是指示離開現實的別有一物，就按着現實而指示出法；這也是禪之爲禪的特徵。

『諸佛不曾出世，亦無一法與人；祖師不曾西來，未嘗以心傳授。自是時人不了，向外馳求。殊不知自己脚跟下一段大事因緣，千聖亦摸索不着。只如今見不見，聞不聞，說不說，知不知；從什麼處得來？若未能洞達，且向葛藤裏會取。試舉看？』（第五十六則）

釋尊既不曾出世，不是無一法與人嗎？達磨既未曾西來，何曾以心傳授？時人以爲釋尊與法達磨傳心，都是未能了解眞法。求法於萬象之外，不知道自己脚跟下一大事因緣——自身及世界的本源——雖千聖亦摸索不着的自己的大事因緣。這是和前則的「聲前一句千聖不傳」同其意味。倘若得到見而不見，聞而不聞，說而不說，知而不知的玄妙不可思議的法，自然很妙；倘若未能領會這個法，不妨向葛藤窟中——文字語言——會取，也未嘗不是一時權宜。

原來法是無相，形充十方，唯以無心而應一切萬象，故能秩序整然，一絲不亂。如說：

『細如米末，冷似冰霜；逼塞乾坤，離明絶暗。低低處觀之有餘，高高處平之不足。』（第七十六則）

法之微細也，猶如米末；法之冷冷地嚴肅也，大似冰霜。而且逼地塞天，日月之光不能照，於離明絶暗處高低無限處存在着。在第十三則中用譬喻來形容這個意味，說道：

『雲凝大野，徧界不藏；雪覆蘆花，難分朕迹。冷處冷如冰雪，細處細如米末；深深處佛眼難窺，密密處魔外莫測。』

法，恰如雲在無邊的原野上結集密屯，無處不是雲；又如雪覆蘆花，一望全白，是雪是蘆，何能區別；也就是說：無處不是法，一望都是法。望之儼然凛冽如冰霜之冷，大有操殺生自由無上之權威似的；其深密也，魔佛難窺。所以法的廣大，細微，幽玄，神秘，畢竟非人智所可及。這是形容以無相爲形的法的姿態。

關於說到法的權威，在第七十九則云：

『靈鋒寶劍，常露現前。亦能殺人，亦能活人；在彼在此，同得同失。若要提持，一任提持，若要平展，一任平展。』

這是把法顯現到人格上來。大似春風暖日，可以活人；又像猛火嚴霜疾風暴雨，可以殺人；一得一失，卻是相同。就是活一方殺一方，殺一方活一方。若覺得有提持寶劍的必要時，那就恣意地提持，任情地橫殺；若覺得平展不用時，自由地平展，活千萬命。這就是把絕對的法來擬以人格的說明。

把上所舉的垂示，約要說來：法，雖千聖不傳底。但不爲現象而發現，亦畢竟不得知。現象依於因緣結合而生起，無始無終，遍滿宇宙，而是法的自身的絕對的存在，所以在現象的實在的法，是無邊廣大，形容之爲天不能蓋乃至日月不能照的東西。這樣的法，是無形的實在，充滿宇宙，絕無何等障礙而運行着，且徧滿於生死流轉的世界，秩序整然，一絲不亂地存在着。所以其作用也，極大、極小、極高、極低、極冷、極熱；至大無限，至小無內，其高絕顚，其低無底，自在殺活萬物。一望大野，無非法也，至若其不傳底的幽玄神秘，雖覺者亦不得而窺焉。這樣形容，就是說：法，是獨立底的東西，而且有運行自在活用，顯現爲萬象；是以於一草一木上若能直覺到所活現的絕對的「無」，法之全體，也就當面呈露。

『雪峯示衆云：盡大地撮來，如粟米粒大；抛向面前，漆桶不會。打鼓普請看！』（第五則）

你們大家，以爲這個盡大地（宇宙）是非常大的東西吧？可是自法身來看，簡直同粟米粒似的東西。就以兩指尖撮來抛在你們的面前罷！假使你們不明白，打鼓集衆，一齊來看個明白啊！

雪竇頌曰：

『牛頭沒，馬頭回；曹谿鏡裏絕塵埃。打鼓看來君不見，百花春至為誰開？』

像牛頭馬面出沒似的甲倒乙起的舞臺上的活劇，在我們曹谿的禪鏡裏，絕無一點塵埃，這是不容疑的。打鼓大家好生地來看呀！大家沒有看見嗎？這些千紅萬紫的百花，一到了春天，到底爲誰開呢！這裏，是暗示出法的絕對作用。

『僧問雲門：「如何是法身？」門云：「六不收。」』（第四十七則）

法身，是以法爲身故，法卽身義。「六」，不限定於六，說千萬億亦得。卽如下頌中說的「一二三四五六，碧眼胡僧數不足」的意味相同。法身，是無始無終、無量無邊，數字所不能收。將「六」看爲六合或六識亦可。如前擧的「見不見，聞不聞，說不說」似的，難以認識來究詰的意思。雲門以此三字——六不收——示出了法的無限的持續不斷，無限的光明，無限的自在。試一看頌；會更加明了：

「一二三四五六：碧眼胡僧數不足，少林謾道付神光，卷衣又說歸天竺。天竺茫茫無尋處，夜來却對乳峯宿。』

法身，超時間空間，非時空所能容。說達磨在少林寺把法付給神光，這也是一種說說罷了。又說達磨卷衣歸天竺去了，可是一跟踪追跡的問他歸到何處去呢？茫茫大地，又無處追尋。但是昨天夜裏，卻對着我的乳峯山在那兒打坐呢！

這就是說達磨的法的人格，是不滅的，遍在於一切處，說之爲對宿乳峯，或坐在這禪床上都可，是示出法的遍在性。再試看第三十九則，對這種意味準會更加得到正確：

『僧問雲門：「如何是清淨法身」？門云：「花藥欄」。僧云：便恁麼去時如何？」門云：「金毛獅子。」』

這個禪僧添上「清淨」以形容法身來問，所以雲門答之以「花藥欄」。藥欄：杜甫詩有「乘興看藥欄」句，註中謂「花藥之勾欄也」，是以勾欄環圍花園之意。這裏是說呈出千紅萬紫的絢爛的美麗的花，便是天眞清淨無垢的法身之意；和「百花春至爲誰開」同義。古來也有把「花藥欄」解爲「茅厠」的矮垣的，謂故意舉茅厠適和清淨相反的以否定之；但在原文意中並不含茅厠意，所以也不必曲解。僧追上問：那末，就照這樣領取如何？雲門說：若在這裏會得，那便是「金毛獅子」——伶俐漢也。頌云：

『花藥欄，莫顢頇！星在秤兮不在盤。便恁麼，太無端，金毛獅子大家看！』

這頌是雪竇爲向雲門問的僧人捏一把汗。卽是說：雲門答了一句花藥欄，他便似乎領會得法身的樣子，擺出顢頇的面孔，錯！錯！要知道星不在盤裏！這樣囫圇吞棗的便辭了去，眞是「太無端」，太糊塗的事了。這個僧，是不是「金毛獅子」呢？大家仔細端詳！這裏是說雲門的意趣，不是在花藥欄。權衡的星，是刻在秤桿上，不是在秤盤上；也是指示出人人不可不發見本來自己的面目之意。

『僧問大龍：「色身敗壞，如何是堅固法身？」龍云：「山花開似錦，澗水湛如藍。」』（第八十二則）

這個答，和「花藥欄」同義。就是把法身的莊嚴，顯示在目前。可是這問的僧人不領會色身即是法身，故說色身敗壞，法身堅固。是以雪竇頌云：

『問曾不知，答還不會。月冷風高，古巖寒檜。堪笑路逢達道人，不將語默對。手把白玉鞭，驪珠盡擊碎。不擊碎，增瑕纇，國有憲章，三千條罪。』

問的人既連法都不明白，所以提出問的問題便已是不通；對這樣的人卽使答出來，也是不會領解的。「月冷古巖」，「山花澗水」，意義相同。本則大龍的答語，不是覺得有點奇怪嗎？香儼曾說過：「路逢達道人，不將語默對」的話；卽說：若是達道的人，便以心傳心，然而現在這個人不是達道人，所以不那樣做。該是立刻提起鞭子，把這個僧人的尊貴像龍珠似的色身敗壞法身堅固的謬見，一擊粉碎纔是。不是那樣做，衹會增長玉的瑕，絲的結，添重他的誤謬。禪道王國裏，自有憲章。卽今不將他的誤謬打碎，該當罪過三千。答意卽是指色身便是法身，所以道「山花澗水」，無非法身。

二　佛

在趙州田庫奴的公案裏（第五十七則），答「至道不揀擇」的問：「天上天下，唯我獨尊。」

這仍是把法擬人來顯示的，僧更說：「這不是仍舊是揀擇的嗎」？趙州對云：『田庫奴！什麼處是揀擇』？就指示出：法，是超越了揀擇的，所以不得有取捨相對的揀擇；法，是於一切萬有，平等地施行着絕對的權威。根據這個法的權威，故具有絕對的價值獨自無雙的存在；是以一一的萬法，既沒有應該否定的，也沒有應該肯定的；更沒有應名曰善，自亦沒有宜名曰惡；任何一法，都是光明的存在。所以第六十則的垂示：『諸佛衆生，本來無異；山河自己，寧有等差。』然而人間的說善道惡，肯定否定，這般概念都在什麼處發出來的呢？說起來：都是拿自己爲本位，來做判斷價値基礎的緣故。所以說：「至道無難，唯嫌揀擇」。一旦立在不揀擇的絕對立場上來觀察萬有時：萬有就是法，就是佛；卽就禪的佛的絕對性上說：決不是超絕了一切現象以外的東西，卻是現象的一一，就是佛，就是絕對的法。這，就照前面說過的花藥欄公案，也已極明顯。在外道問佛的公案（第六十五）中敍云：

『外道問佛：「不問有言，不問無言。」世尊良久。外道讚嘆云：「大慈大悲，開我迷雲，令我得入！」外道去後，阿難問佛：「外道有何所證，而言「得入」？」佛言：「如世良馬，見鞭影而行。」』

這個公案外道的問，據語錄原文：「外道問佛：如何是佛？但不問有言，不問無言」的節記。這個質問，就是說：所謂佛，是什麼呢？換句話說：釋尊大悟的內容，是什麼東西呢？意卽：不是問超越的本體上有無的說明。蓋有無的肯定與否定的論爭，不過是局在四句百非圈裏抬摃子的玩意兒罷了，所以寧避免閑文，直以要求斷定自己的所信爲上策，故發出這個問。世尊的本身，卽是佛法，超越了有無的肯定與否定的絕對的存在；爲示出離有無二邊的絕對的存在，示以暫時的沈默；這就是完全地呈露出現成自體的佛法的姿態。這個沉默的心境，是離了有無的玄微之境，也便是達磨的廓然無聖之境。外道在這個當兒，也就豁悟眞理的絕對的法，撥開迷雲而得入。雪竇頌云：

『機輪未曾轉，轉必兩頭走；明鏡忽臨臺，當下分姸醜。姸醜分兮迷雲開，慈雲何處生塵埃？因憶良馬窺鞭影，千里追風喚得回。喚得回，鳴指三下。』

機輪，是機鋒輪轉的略語，指辨難爭論的意思。世尊和外道，於有無上不曾論爭。發生論爭；必走向否定乎？肯定乎？的兩說，就墮在四句百非的葛藤裏去。假若立足在明鏡之前，立刻露出姸醜，佛的有無姸醜，也自然明了。姸醜一分明，迷雲自開。緣慈悲佛門，不生有無的塵埃，原是淸淨。雪竇更述自己的意趣：若迷雲已開之外道，便得有着共語宗旨的資格，所以若騎着千里追風的良馬，把他叫回來！那是不須費多少時間，彈指三下之間，就得回來。

要之：這個公案，立足在現象卽實在的立場，若以之擬似爲超越的神的存在，那是錯誤，這個神的有無的論爭，有的說有，無的說無，終達不到結論的；所以世尊立足在有無離絕之境，就現象上使悟入實在之佛。世尊的佛陀觀，原沒有超越的神的臭味，直示以現象之法，卽爲佛陀。

然則，禪的佛陀觀，是三身中那一身呢？照下面的公案可以明白：

『趙州示衆三轉語：泥佛不渡水，金佛不渡鑪，木佛不渡火。』（第九十六則）

泥土塑成的佛像，入水便崩；金銅鑄成的佛像，投鑪便溶；木頭彫刻成的佛像，入火便焚；這些佛，是報身佛的偶像，非眞佛像。眞佛是廓然無聖，不取一切報身佛。故趙州示出這樣來；丹霞燒木像取煖，也是立脚在這點。於此，更須有檢討趙州如下的公案的必要：

『僧問趙州：「萬法歸一，一歸何處？」州云：「我在青州作一領布衫重七斤。」』（第四十五則）

「萬法歸一」，和「天地同根萬物一體」同意味，就是顯現一味平等的話題。然僧問歸一之一，歸於何處？換言之：就是提出超越萬象的實在神的存在之疑問。趙州對這個疑問，卻答以布衫重七斤。卽是說：我在青州做了一件紵麻的法衣到禪堂裏過活。但這個問題，暗示着是個重大的問題，不易解決的，所以不給以明解，宜各人自悟纔是。因之雪竇的頌中，也是示出應拋棄「超越的神論」的臭味：

『編辟曾挨老古椎，七斤衫重幾人知？如今拋却西湖裏，下載清風付與誰。』

編，卽是偏，辟，是僻的誤寫，就是不中正的意味。（譯者按：編辟，和鞭闢同，卽鞭闢入裏意，指趙州曾痛受過鍵椎的意思。）錐，表優秀拔羣的人；老古椎，指宗門作家的老禪師。現在問的僧人是抱着一的歸處的偏見來問趙州，但趙州的「布衫重七斤」的意味果是阿誰知道呀？一的歸處，是如何的問題，在趙州也曾認爲是重大的問題。一般人都將一的歸處去找尋那超越的理想的神；實際，也不過是無始劫來無明的一念而已。因這無明的一念，許多的人便以爲：在萬象之外別有本體，爲現象的根本歸主的應是神，這樣的想着；現在是說完全把它拋向西湖中去，張帆趁着萬法卽神的順風一絲毫滯遲也沒有地下了揚子江。且說：把這順風到底付給與誰呢？頌意是說：現象卽神，萬法卽佛的眞理，誰也不容易理解得到。現在更舉出和這個公案意味相同的「洞山麻三斤」的公案：

『僧問洞山：「如何是佛？」山云：「麻三斤。」』（第十二則）

洞山：有守初和良价兩個人，現在說的是洞山守初。

宇宙萬有，是無常的，也是無始無終的存在着。現象卽實在，眼見耳聞都是佛。僧問「如何是佛」？答之以「麻三斤」，也是舉其一例罷了。這個公案語，不是這樣就完結。僧於洞山之答不能理解，再舉以問智門。智門答以「花簇簇，錦簇簇」，轉問僧曰：「會不會」？僧說：「不會」。因之更說云：「南地竹兮北地木」。這是說：黃花、紅葉、竹、木、無不是佛。由此類推三斤麻，亦自然是佛了。洞山謂：「不爲汝一人說，爲大衆說。」上堂云：「言無展事，語不投機；承言者喪，滯句者迷。」就是說的「麻三斤」：不將事（客觀）展開，所以語不投機。換句話說：不照這句話將事展開函蓋相契地投合於心，死在麻三斤之下，無論如何是不能領會的。但是祇是把說了的話和盤的承受下來，那也是喪卻話的眞意（承言者喪）；若拘泥於句，卻迷於句（滯句者迷）。故結語曰：「出言句若不發明，則不悟」。然照這段話，也可以明白萬象卽佛的意思。雪竇頌云：

『金烏急，玉兎速，善應何曾有輕觸。展事投機見洞山，跛鼈盲龜入空谷。花簇簇，錦簇簇，南地竹兮北地木。因思長慶陸大夫，解道合笑不合哭。咦！』

這頌恐有誤寫，頗不易解，因改寫如下以見其意：

『花簇簇，錦簇簇，南地竹兮北地木。展事投機見洞山，善應何曾有輕觸。金烏急，玉兎速，跛鼈盲龜入空谷。因思長慶陸大夫，解道笑兮不合哭。』

以「花簇簇，錦簇簇，南地竹，北地木」和「展事投機」，探出洞山「麻三斤」的消息。若善應答者，任應適何事何曾有輕觸呀？日月這樣易逝，無常迅速，可是不能展事投機的跛鼈盲龜的牠倆，是彷徨在空寂的山谷中。因無常迅速，思起了長慶和陸大夫來，是應該笑，不應該哭的。

陸亘大夫和南泉，是有師徒關係。南泉遷化時，陸亘赴寺原想慟哭一場的，不意呵呵大笑起來。寺僧詰問他爲什麼笑而不哭？他卻反問寺僧：「若有應哭的理由則應哭啊！但請說其應哭的理由來！」寺僧默而無語，陸亘卻絕叫：「蒼天蒼天！先師去世矣！」。後來長慶評之曰：「大夫合笑不合哭」。

『僧問法眼：「慧超咨和尚！如何是佛？」法眼云：「汝是慧超！」』(第七則)

此因慧超在少年時代，不能理解佛義，所以答汝慧超就是佛，何必更問佛，以促他自悟。

『江國春風吹不起，鷓鴣啼在深花裏。三級浪高魚化龍，癡人猶戽夜塘水。』

江國，湖澤江河多的地方，是指揚子江的南北。是說春風輕輕地吹着江湖，也不會吹起浪花；鷓鴣在萬花的深處啼着。禹門三級的水勢湧起滔天的高浪，水中的魚躍跳過去已化神龍；然癡人在夜半裏空費了許多氣力尚在水潭裏戽水尋魚。這頌的上兩句，是詠着法眼的人格，而且示出含着那答的意思；後二句警策着後人，慧超既已大悟而爲法施禪師，可是汝尚在水潭裏尋魚嗎？

『雲巖問道吾：「大悲菩薩用許多手眼作什麼？」吾云：「如人夜半背手摸枕子。」巖云：「我會也。」吾云：「汝作麼生會？」巖云：「徧身是手眼。」吾云：「道卽太煞道，只道得八成。」巖云：「師兄作麼生？」吾云：「通身是手眼。」』（第八十九則）

雲巖，始師事百丈，後入藥山門。本則是當時和道吾同修商量的問答。雲巖問道吾，意謂：觀音菩薩生長出許多手和眼作什麼用？以千手拿住什麼？以千眼看破什麼？道吾說：好像人在夜半將手轉背摸枕似的。雲巖說自己領會了的意思，謂遍身是這裏長出眼，那裏長出手。可是道吾說的通身是手眼，這裏是眼，同時這裏也是手的意思，所以指摘雲巖的話，還沒有充分理解得到。

若更詳細地說：觀世音菩薩，有着千手千眼，但並不是劃分着這些手眼來應衆生，一部分一部分的使用，他是好像我們在夜半醒起來忘記了手忘記了眼，在無我無心的直覺中摸枕頭似地，不是有意的想着用這隻手來動那隻眼來看，是任運自在地使用千手千眼的。道吾說明的是這個道理。是以雲巖理解得：不錯，偏身是手眼，在偏身中的任何處，是手是眼，手眼偏於整個身體。雖然說偏身是手眼，仍未脫離曰手曰眼的特殊的器官的觀念。所以道吾說：「只道得八成」。道吾說的「通身是手眼」者：通徹全身的都是手眼，所以實際上全身儘構成手的用眼的用，手眼和身體爲一。雲巖仍未脫部分感覺的作用，道吾站在全體的立場的菩薩手眼，是統一感覺的靈動。菩薩的圓通境，禪的眞實境，卽在這裏。雪竇頌菩薩的神通妙用的偉大云：

『徧身是，通身是，拈來猶較十萬里。展翅鵬騰六合雲，搏風鼓蕩四溟水。是何埃壒兮忽生，那箇毫釐兮未止。若不見：網珠垂範影重重，棒頭手眼從何起？咄！』

雲巖和道吾說「偏身」或「通身」，都是五十步與百步之差而已，畢竟未能拈出菩薩的手眼來。預期獲得菩薩的圓滿的理想，何啻尙距十萬里。試看形容菩薩的手眼——行動與識見：正如那大鵬飛騰展翼如天地四方之雲，搏風鼓浪於四方大海之水，眼視下界，什麼塵埃也似乎不揚，一根毫毛也無不止。意卽說：超越人間界而下視宇宙現象，所有萬象幾和一點的塵埃也沒有什麼不同，這是平等一味的法界。再從「君不見」的一轉語：垂示出宇宙萬象，一事入於一切事，交參無凝的成爲一大組織的模樣。這個「棒頭手眼」，就是以菩薩手眼爲目標的理想，到底從什麼處現起呢？自己下一個反問。這是從網孔珠影重重而起的，自己又給以一個答案。最後結以「咄」！咄出驚異感歎的聲音。

上所擧的六則中的第一則，是外道問佛的公案，大意是說：若不離卻超越的神之有無的戲論而達到廓然無聖的境地，想見得眞實的佛是不可能。這是強調着禪之絕對的主體性。就是第九十七則的垂示雖論着一拈一放肯定否定，尙不得稱爲作家；且卽使在擧一反三的那樣伶俐漢，至於宗旨第一義，仍未透得過。復次，卽正使那唱出變更天地卓絕於四方的議論，如雷奔，如雷馳，如狂雲驟雨傾湫倒嶽似地，用那樣活達自在之論，坐斷天下舌頭底人，也還未能把握到宗旨之半分。這就是說：祇未能一掃一念無明——潛復着求神之心的根本觀不掃除，是永遠不得進入佛境。故必須根絕了根本無明的慧，超越了多神或一神，纔能發生大覺，現象卽實在現象卽佛的大覺。次之擧第九十六則中的趙州的三轉語，否定了一切偶像的崇拜。更之在「萬法歸一」的公案中，指示出要得到成眞實的佛，唯在於自得。在「麻三斤」的公案，說明現象卽實在。末了，在雲巖的千手眼公案中，明佛的作用不是部分的，而是全體的靈動，更能顯出佛的作用是如何地偉大。

第三章　永遠生命的種種相

第一節　永遠的生命

生命不滅論，自古以來有着種種的說法；而在宗教上，不滅論乃是以救濟的立場爲出發點，即是救濟以有限的生命憧憬着無限的生命的一大煩悶。就拿釋尊出家的原因來說，也是起於生老病死的四苦。但釋尊成就四苦的解脫，是依於永遠生命的大覺；由是獲得完全地脫離生死不生不滅的生命。

那末，不生不滅的生命的意思是什麼呢？那自然是「法」。法，就是宇宙的生命；同時，也就是個人的生命。宇宙，是法之大者；個人，是法之小者。得到這大生命和小生命渾一融合，纔能安住在絕對無限的生命裏。換言之：把小我沒向大我中去，纔實現出生死的解脫。禪宗的坐禪，也是做着這個過程的一種方法；見性成佛，由此而成立。故現在想摘錄出表現在公案上的兩三例，試觀察是如何的說法。

釋尊把法付囑迦葉時說的話中有云：『正法眼藏，涅槃妙心，實相無相，微妙法門。』「正法」：是不偏的宇宙生命的意味，宇宙的現象，沒有一種是沒有生命的。不偏，是徧滿的意味。「涅槃妙心」，在大涅槃經說：『涅云不生，槃云不滅，不生不滅爲涅槃。』眞實地不生不滅永遠持續的東西，就是宇宙生命的法，所以涅槃妙心者，指不生不滅的涅槃，卽是妙心。釋尊的大覺，不外就是這個實感實證，同時就是成佛。故前說過的現象卽實在的意義的佛陀的概念，更進一步，便不能不達到實在的永久的生命。釋尊成道正覺內在的意義，是在於涅槃妙心的永遠的生命，禪宗相傳之法的意義，也正在於此。同時對於「見性成佛」的所以然，於這裏也得到理解；「性」，也不外是生命的意義。

然在景德傳燈錄達磨傳中說：『作用是性：在目曰見，在耳曰聞，在鼻齅香，在口談論，在手執捉，在足運奔。』若照這種意義說性：在主觀的，是感覺；在客觀的，是運動作用；可以把兩方面的抽象綜合起來，名之曰生命。而且這樣的說性，不祇是達磨；前有鳩摩羅多尊者，後有臨濟，都是這樣來說明的。但是感覺和運動，不是永久的現象，在時間上，它的本身是不斷的變化的，所以不得把這個就說之爲永久的生命。那末，他們爲什麼把這種作用名之曰性呢？據鳩摩羅多說的「性在作用」，這是把性表現於具體的事物上的，和「見性」的「見」字同意味，就是

「見現」的意義。要把本性如實地見到，應是就感覺及運動來見；此外，實際的見到是不可能。然就「見現」方面，有妄動和實動不同。妄動，是單就客觀的動，是以客觀爲主而動的時候的感覺及運動；換言之：憑於客觀的衝動而動的東西。實動：則反乎是，是直覺的動，是主觀和客觀完全被綜合了的統一體的動。故其動也，非部分的，是全體的，所以性卽是用，用外無性，這個動，是沒有不安定，也不是分裂的整個的全動。在這種意義上，說之爲「作用是性」，馬祖大師說之爲「卽心卽佛」。這顯然以作用卽本性，感覺及運動就是永遠生命的意味。

然而有時僧問馬祖：「如何是佛」？馬祖答：「非心非佛」；和前說的「卽心卽佛」好像有變更似的，實際並沒有變更，可視爲完全是思想的進展；也可看做爲着打破被囚於卽心卽佛的觀念而指示的。若問馬祖的眞意是在那方面呢？吾人是以爲在於後者。無門慧開評此語云：『若向者裏見得，參學事畢。』是卽說：若不打破卽心卽佛，是不得達到眞實禪的境地。爲打破了卽心卽佛句而纔是活句，這是無可猶豫的餘地。

佛，畢竟是覺義，所以也可視爲得以認識的意味；又佛是現象卽實在、卽法，所以也可視爲實在的永遠的生命。雖然，若問什麼是佛，也是眞不容易明瞭，就是答的，也沒有一定的答案。那是因於大乘佛敎哲學的思路的進展，所以或爲「人格的佛」，或爲「法的佛」，更有爲「人法不二的佛」種種的使用着。然禪方面，大概以法爲佛的意義，但對於法的活現時，法的觀念也應該打破。所以有時「問曰：如何是佛？答曰；卽心卽佛」；正是指現在意識作用，感覺作用，運動作用，卽是永久的生命。可是有時「又問：如何是佛？答曰：非心非佛」，這便是指永久的生命是非意識，非認識；生命，是超意識的，超認識的。然則，何故永久的生命是超意識的呢？想把這個解答出來，應更進之從現象的立場來考察。

道元說：「生死爲佛命」。所謂死，自然是指我們的感覺和運動的停止，感覺和運動，似乎不期然而然地視爲製造出壽命的觀念。是以一談到生命：那就是指現在活着喫茶、喫飯、舉手、投足、見物、聞聲的存在。前面擧過的以見聞、齅香、談論、執捉、運奔說之爲性的意味。卽以活着的感覺運動的時期曰壽命；死，便是這個壽命的斷絕，意識活動的停止。

若把感覺及運動從現象方面來論：在物理學上，照力學的原則說，是器械的現象；在化學上，則是複雜的化合物的分解及合成；在心理學上，則是意識的活動。綜合這三方面所了解的作用的統一物，是生命。故生命，是一個統着三種作用，三種作用被綜合爲一的東西，然而此中的物理作用和化學作用的關係，在現象學上纔可以說明；但心理作用和別的作用的關係，便成爲不能說明的東西。卽是說：意識界和物質界一方面完全隔離着，一方面在其中現起現象互相呼應着的，這便是不能說明的。換言之：身心相互關係的論理，是不可解的，爲人智所不能及的超認識的東西，無論古代現在，都視爲不可思議，這卽是馬祖說之爲非心非佛。可是三種現象確然地被統一着而成爲生命，這是眼前的事實。

非心非佛的生命，是這樣的超認識超意識的；但是在主觀上發現，就是一切的感覺作用，在客觀上發現，卽爲運動。所以在現象界方面從生命便是運動運動卽生命的見地來說，宇宙萬有，沒有不進行運動的。自最小的電子高速度的回旋到最大的天體的運行，沒有一刹那的靜止，都在活動着。在人類也是同樣的說之爲行動，這自然并指及呼吸脈搏等，都無不是在運動着。這樣來觀察萬象無窮的變化運動，試一返照華嚴的四界法觀，則宇宙是一個理事及事事無礙運動的大組織體，在這大組織體中具有宇宙的生命。就是萬象一一的獨立而運動，可是這獨立不是孤立，是甲乙互相反映而呼應着的構成的一大組織。故在一個運動時卽入於一切運動，一切運動還攝於一個運動，是之謂「六相互具」。卽是總（萬法總持）、別（獨立的存在）、同（平等）、異（差別）、成（生住）、壞（異滅）的「六相該俱」。因之，萬象的運動，沒有從無而生有，也沒有從有而歸無的不生不滅，在這裏構成了支配萬有的不生不滅的大原則。

把這個大原則說到佛敎上來，名之曰法。法，因爲是無始無終不生不滅不增不減的，所以法的運動也是不生滅不增減。這卽是成爲永遠生命之所以。法，這樣地是宇宙的根本生命，而一一各別的生命，是法的一部。全體和部分的關係是相互的：因有全體所以有部分，有部分而有全體；從全體看，部分是分解的抽象，從部分看，全體是綜合的抽象；成爲具體的東西，是全體和部分不可分的東西。所以一一各別的生命，是全體的一部分，是法的現身，就是法身佛。然而法，如上說過的是無限的持續着，所以我們的生命也是法，也是無限。在這種意義上，也就顯出生死卽是涅槃，生死卽是佛的意義。

那末，古人對於這個生命的法，如何地把握證得呢？這個就心理方面說，卽是直覺的妙悟。關於古人怎樣地直覺到法的，試述幾則公案如下。

第二節　生命的把握

一　世尊陞座（第九十二則）

『世尊一日陞座，文殊白槌云：「諦觀法王法，法王法如是」！世尊便下座。』

『祖庭事苑八云：「世尊律儀，欲辨佛事，必先秉白，為穆衆之法也。今宗門白槌，必命知法尊宿，以當其任。長老據座已，而秉白云：「法筵龍象衆，當觀第一義」！長老觀機法會，酬唱旣終，復秉白曰：「諦觀法王法，法王法如是」」』！

這則記事，雖云據於律儀，實則基於百丈淸規中開堂演法的儀式。但世尊說法的問題，是不明白；可是應注意的是該在白槌的「當觀第一義」罷。又文殊的「法如是」的話，也自然是因這句白槌而來的。「第一義」，是超越說與不說之境。例如說「是法住法位，世間相常住」，或說「法本寂滅」，或說「廓然無聖」的這些語句的表現，可是旣落言句，也已落在第二第三的應機的說法了。「第一義」，自無有何等法可說，不論諸佛的出世不出世，原自超過說與不說。就是諸佛出世之前，天自高，地自低，一一萬象，都無不是絕對的超越了知識的範疇，是唯我獨尊的。卽是圜悟說的『天何言哉，四時行焉。地何言哉，萬物生焉。向四時行處可以見體，於萬物生處可以見用』，這是法的說明。第一義雖不說法，可是已在眼前這樣堂堂地顯現，所以也沒有更說法的必要。以是文殊擧「法如是」，顯在文殊擧白槌之前，法是早已自己說過了，這不過是終結語，宣布散會而已。於是世尊也除了下座以外，便無言可道。在藥山的寶鏡三昧中云：

『如是之法，佛祖密付；汝今得之，宜能保護。銀盌盛雪，明月藏鷺，類而不齊，混而知處。』

考察這種說明，「如是之法」，不是平等法的意味：是衆生與菩薩共修之法，是四智圓滿的法。在客觀方面說：眼前柳綠花紅之端的，是「佛祖密付」之法。「密付」有內外兩種：參究功成，默契貫通的端的，是內付；佛祖相傳，是外付。故有內付纔有外付；可是如是的法自體，原不關乎修證。青原向石頭說：「威音已前以後，無師自證」。但是把這個從不關佛出世不出世的立場來看：很明顯地是指人人具足箇箇不無之法。所謂「銀盌盛雪」，是指同中現異，平等中現了差別；在法的自體上，一面是平等，一面有差別，故說「類而不齊」。「混」，卽平等；「處」，卽差別之意。然法之端的，是「意不在言」，故不能由言語來表示。所以者何？一動於「有」，便落在有的窠臼中去；一動於「無」，便落在無的窠臼中去；那末不動如何？這又是落在不動的窠臼中去也。所以說：「觸背俱非」；肯定否定都不是，動靜都不可。緣以法的端的，是動而不動，不動而動，平等而差別，差別而平等。這樣的法，所以「言詮不及，意路不到」，唯是超越論理，直下把握；此外，更無他求。雪竇頌云：

『列聖叢中作者知，法王法令不如斯。會中若有仙陀客，何必文殊下一椎。』

在「列聖叢中」的「作者」，若文殊普賢彌勒等，大概是明白法的端的罷。「法王法令」，也沒有像那樣的，既是無語說法，便更無說法。若達到文殊之智，既不必靠釋尊邊聽法，釋尊也大可不必說法。就在大衆中，遇有天機高妙慧心朗達的人，因能理解得到，連「文殊下一椎」喝出「法如是」的話也是嫌多事。

二　雲門藥病相治（第八十七則）

『雲門示衆云：「藥病相治，盡大地是藥，那箇是自己？」』

這則是依據華嚴經中的：

『文殊一日，令善財去採藥：「不是藥者採將來！」善財徧採，無不是藥；却來白云：「無不是藥者。」文殊云：「是藥者採將來！」善財乃拈一莖草度與文殊。文殊提起示衆曰：「此藥，亦能殺人，亦能活人。」』

卽雲門所擧「藥病相應，盡大地是藥」，更添一句「那箇是自己」的話來誘導大衆。故圜悟評云：「識取鈎頭意」。「盡大地是藥」，和善財說的「無不是藥者」相同；卽是說：盡大地無不是法，宇宙全體都是法。釋迦原是不假他力，自己是釋迦；彌勒，也是自己是彌勒，什麼也不曾假借過，便是物物全眞，箇箇顯露，一切都是壁立萬仞的法。此是本則的中心思想，雲門示衆的本意也在此。雲門爲使人體驗此法，說「那箇是自己」，給與以思索的端緒。由於這端緒的攝引，纔能於法得到把握，這是雲門接化的手段。但是藥病相治一着，原爲方便的施設，就是釋尊四十九年說法，也是應機說敎，應病與藥的，所以衹是一種尋常施設的手段，還不是根本法的直示。換言之：與藥，爲淘汰衆生的業根使之透達洒洒落落的心境的方便耳。圜悟曰：

『藥病相治，也只是尋常語論。你若着有，與你說無；你若着無，與汝說有；你若着不有不無，與汝去糞掃堆上，現丈六金身，頭出頭沒。』

這是藥病相治的解說，也是文殊的殺活的手段。然一說到「那箇是自己」：這是指到法的本源，爲使把握住世界未現、佛祖未出世以前的無名無相的無法的法之鈎餌。法的本源：是無道、無禪、無自己、無名、無相的。達到這無名無相的法的本源的立場，卻來看宇宙森羅萬象時，萬象和自己也都是法，都是藥。因爲若不透入自己卽是法之本法，要得到「盡大地是法」的達觀，必不可能。故雪竇頌云：

『盡大地是藥，古今何太錯！閉門不造車，通途自寥廓。錯！錯！鼻孔撩天亦穿却。』

何故說「太錯」呢？雲門希望使人轉卻一切現象，一切意識，歸還到法之本法，可是自古到今，衹死在做藥會，斯所以錯！本源底裏的法，是「閉門不造車」的，不憑藉種種論究，種種修行，是天然自性眞。如萬里一條鐵，坦坦蕩蕩地一物也不立。「通途自寥廓」者：是對他之作用言，因爲一念起時，則三千諸佛悉起，一一具全，一一本眞，任何物也都無少異。次說「錯！」者：意說「盡大地是藥」，已是錯；「那個是自己」，也是錯！何以故？以本源的法，無名無相故；說是「藥」是「自己」，已落於第二義，遠離第一義故。至乎是，雖掀起撩天的鼻孔到高而且遠的蒼空的識見，也須穿卻始得，不穿卻，都爲無用。

於此又作評唱曰：

『雲門云：拄杖子是浪，許儞七縱八橫；盡大地是浪，看儞頭出頭沒。』

「拄杖子」，是本源的法；「浪」，是現象。若識本源底的法全體是現象，就在一物中都體驗得本體和現象，既不拘泥於現象，也不滯留於本體，自在的妙用，纔自然地自由顯現。然而若僅是認取浪的現象，以離卻了本體故，便得不到自由，墮在生滅有無之見中「頭出頭沒」。照這個意義來看：「藥」，是浪，是現象；「自己」，是拄杖子，是本體。盡大地是藥，指顯現了的法，是「教內的法」，不外天台所謂「一色一香無非中道」；但是「教外的法」，卽是自己的本源底的法，是「閉門不造車」的本自圓成、脫體現成的法。是故通途而成現象，亦無何罣礙，自在無礙。然而，這不是閉門獨自耽着冥想上製造出抽象的概念或假定，凡是我們可履踐的大道，必定是自然完備成就的。這就是早被達磨喝出了的「廓然無聖」。

三　百丈野鴨子（第五十三則）

『馬大師與百丈行次，見野鴨子飛過。大師云：「是什麼？」丈云：「野鴨子。」大師云：「什麼處去也？」丈云：「飛過去也。」大師遂扭百丈鼻頭，丈作忍痛聲。大師云：「何曾飛去？」』

這個公案，馬祖爲要使百丈把握到眞生命的故事，在這個公案中，也可見出古人把握着生命的活作用。這生命，就是前頭說過的人人具足箇箇圓成決不是依傍於他的作略。這個正是本具的佛性，天台曰「正因佛性」。涅槃經說：「欲識佛性義，常觀時節因緣」。由因與緣，而佛性始得具現開發。因，是本具的佛性自體；緣，是不切助緣，卽指公案、坐禪、念佛、看經等；這卽是「緣因佛性」。然無「了因佛性」時，正因佛性也不會顯現。了，是照了義，是智用。唯智用，也是依於正因佛性而發生；究言之，卽不外是本體所有的光明；適應客觀的動作作用而已。可是這客觀的作用，憑仗其他的助緣而發動，所以這三因佛性，任缺其一，生命的體驗是不可能。在這種意義來檢討百丈野鴨子的公案，就得明瞭古人的把握生命的意味：圜悟也道破，「正眼觀來，卻是百丈具正因」。絕沒有自無而生有的，這是因果的法則，所以有着具足的佛性，生命的把握纔有可能。馬祖說的「是什麼」？直示出法是絕無隱秘的，是頭頭顯露的，所以問「是什麼」，爲使百丈把握法的眞生命而促其注意。然在百丈，也毫無模棱照着現實的本相答道：「是野鴨子」。若就法的自體說：野鴨子卽是野鴨子，和山自高海自深同樣地已成就了生命體。但若把野鴨子做爲境會而看做客觀的存在物，主觀就於此分裂墮陷到對立界去而違背了法的本源；同時，自己的精神界也分爲內外而生起意識的分別，終至失卻安定。故古人說：「會則途中受用，不會則世諦流布」。會，卽是生命的把握。所謂生命，如前說的佛性、法性、眞如是也。萬法萬緣，悉是眞如的現起，是原來本地的風光。野鴨子也罷，眞如也罷，都是本地風光，是神的眞姿，是法身的自體。圜悟說：

『也須是逢境遇緣，宛轉敎歸自己。十二時中，無空缺處，謂之性地明白。』

卽是體得萬境悉是眞如而體現時，心境一如打成一片，萬境卽是自己，自己卽是萬境。脫離了對立的分別想，而將境緣爲自己所受用，境緣都成爲生命的作用，眞理的光明活生生的飛躍着。但在那時，百丈仍存着自己和鴨子個別的存在之見，被野鴨子所轉，未能契當於眞生命，所以馬祖又問「什麼處去也」？第二次喚起百丈的注意。可是百丈答「飛過去」，依然是追逐着客觀而忘卻歸向主體的自己。古人說的「貪看天上月，失卻掌中珠」的話，就是指這個意思。禪，對於客觀的態度，必定以主體的自己的展開而創造的，故常不離主體。換言之：把客觀悉看爲自己生命躍動了的現象，看爲理智所顯現的東西。然百丈尙沒有明白爲主觀展開的客觀，所以馬祖要使體認之，遂扭着百丈的鼻頭。於是百丈「作忍痛聲」，就在這個忍痛的當兒，自己的主觀和鴨子的客觀的對立被破壞了；同時，分別意識的情識也被破壞了的心境。故馬祖又說「何曾飛去」！促其心機一轉而飛躍進別個天地。忍痛的端的，爲是由於二元對立的分別而生起的一念無明將被截斷時的黑暗境界，馬祖爲使百丈更從這個境界飛躍過去，所以弄着這般手段。百丈，果然是因此飛躍大悟了。這飛躍，便爲禪的特徵的生命的更生。自此，洒落的心境，無論任何境界現前，自性不會失卻自由性；同時，透徹了一切的客觀，悉爲主觀的展開，爲主體所構成。唯其如此，顯然的會得萬物爲自己的聖境，生命就得隨處發現出創造性。圜悟關於悟後的百丈，有如下的記述：

『馬祖次日陞堂，衆纔集，百丈出，卷却拜席。馬祖便下座歸方丈次，問百丈：「我適來上堂，未曾說法，儞為什麼便卷却席？」丈云：「昨日被和尚扭得鼻孔痛。」祖云：「儞昨日向甚處留心？」丈云：「今日鼻頭又不痛也。」祖云：「儞深知今日事！」丈乃作禮；却歸侍者寮哭。同事侍者問云：「儞哭為什麼？」丈云：「儞去問取和尚！」侍者遂去問馬祖；祖云：「儞去問取他看！」侍者却歸寮問百丈，丈却呵呵大笑。侍者云：「儞適來哭，而今為什麼却笑？」丈云：「我適來哭，如今却笑：看他悟後，阿轆轆地，羅籠不住，自然玲瓏。』

四　臨濟佛法大意（第三十二則）

明乎此，便知道禪是不住在佛教終極的涅槃境，是有更從這飛躍着的特徵。申言之：超躍過唯一的神論的境地，纔豁開禪的別有天地。這是不能不說在一般的宗教裏見不到的境界。

『定上座問臨濟：「如何是佛法大意？」濟下床擒住，與他一掌便托開。定佇立，傍僧云：

「定上座何不禮拜？」定方禮拜，忽然大悟。」

這個公案，大體和百丈野鴨子意義相同；但在臨濟方面，可說特具有臨濟獨自的宗風，不像馬祖那樣地順次追究而導之以入悟。率直簡捷，是臨濟懍烈嚴峻的禪的風格。然臨濟也是馬祖的法孫，所以兩者間僅是同工異曲而已，就是說之為異，也不過是同中之異耳。

定上座的傳記雖不詳，但向來都認為他是臨濟門下，且是弟子中的上座。所以可推知其素養亦必進入於相當的禪境。他問臨濟佛法大意，這個問話，臨濟在黃檗門下時，曾三度發問三度被打喫過六十棒的問題。故臨濟接定上座的手段，也完全照黃檗的作風，直下禪床，擒住上座，給以一掌，隨手托開。這是臨濟得意的手段，是把住、放行、照、用一時；這可稱之為「全體作用」。這般手段，將稱之為什麼呢？若僅視為誘導的手段，那也不外老婆心切罷了；實際，胸中什麼成法也不存，全自無分別智的當體驀地顯露；這種活作略，後人稱之為「大機大用」。圜悟於此下一語云：「天下衲僧跳不出」。這是意說臨濟的大機用，包含天地的根底的作用，所以任何人也不能從這圈裏跳得出來。然而定上座，當時不能理解這個活作用，茫然佇立。但這個佇立，決不僅是佇立，恰似天將曙而暗色尚深的狀態，是佇立在大死一番的三昧境上。於是傍僧，看破臨濟接機的活用處，促他禮拜，就是為定上座喫了一掌尚未領悟，更促他禮拜，與以絕後蘇生之機，使之從三昧統一境上飛躍起來。定上座果然方禮拜時，向着活路飛躍突進，忽然地不假什麼作意而大悟；正像湧出旭日照破矇朧的暗色入於大光明的世界。沒有這活機的飛躍，是不會有大悟的；由於這一飛躍而顯現自己的生命眞相；所謂大悟，就是指把握到這一刹那飛躍的大機。定上座經這麼一番大悟之後，和百丈同樣地顯現他的圓轉自在的作用，但他的家風自有異處，他是繼承着臨濟的家風。現在根據古語錄中評唱他的作用，也可略窺一斑：

『一日，路逢巖頭雪峯欽山三人。巖頭乃問：「甚處來？」定云：「臨濟。」頭云：「和尚萬福！」定云：「已順世了也。」頭云：「某等三人特去禮拜，福緣淺薄，又值歸寂。未審和尚在日，有何言句？請上座舉一兩則看！」定遂舉「臨濟一日示衆云：「赤肉團上，有一無位真人，常從汝諸人面門出入，未證據者看看！」時有僧出問：「如何是無位真人？」濟便擒住云：「道！道！」僧擬議，濟便托開云：「無位真人是什麼乾屎橛！」便歸方丈。巖頭不覺吐舌。欽山云：「何不道非無位真人？」被定擒住云：「無位真人與非無位真人相去多少？速道！速道！」山無語，直得面黃面青。巖頭雪峯近前禮拜云：「這新戒不識好惡，觸忤上座，望慈悲且放過！」定云：「若不是這兩個老漢，𡎺殺這尿床鬼子！」』

『又在鎮州齋回，到橋上歇，逢三人座主。一人問：「如何是禪河深處須窮底？」定擒住擬拋下橋下。時二座主，連忙救云：「休！休！是伊觸忤上座，且望慈悲！」定云：「若不是二座主，從他窮到底去！」』

雪竇頌其機用云：

『斷際全蒸繼後蹤，持來何必在從容？巨靈抬手無多子，分破華山千萬重。』

五　雲門中有一寶（第六十二則）

『雲門示衆云：「乾坤之內，宇宙之間，中有一寶，秘在形山。拈燈籠向佛殿裏，將三門來燈籠上。」』

本則初四句，自僧肇寶藏論中來，意謂：無價大寶，隱在我們的肉體中。這和禪語相似，故取來示衆；不僅是雲門，就是鏡清答曹山的「清虛之理，畢竟無身」的語句，也出自寶藏論的。肇論像這樣合禪理的話很多，所以在禪的語錄裏常常看到被使用着。僧肇是嗣佛陀跋陀羅之法，佛陀跋陀羅是傳般若多羅（達磨的法兄弟）之法，是以僧肇之湛於禪理，良非偶然，一溯其精神思想的系統，便無足驚異了。

現在若說之爲宇宙乾坤間有一寶，這便成客觀的存在的意味；但就秘在我們的肉體中，又似乎也可理解爲主觀的。可是這裏的文意：客觀的一寶，原原本本的就是主觀的一寶；因爲是自己內存的意味，所以宇宙的眞理，也可原原本本的理解爲是我們的本性或佛性；由是，也很明白地示出眞理是唯一的，且是隨處自由存在的。如鏡清說的：清淨虛通的眞理，畢竟無固定的身；因是無相的眞理，所以是清淨，是虛通。在天爲天，在地爲地，在人爲人，爲感覺、爲運動、爲心性，自是當然。於是：也可認爲是理論上的飛躍，稱之爲無價大寶的理由，也就存在於此。

但是這樣的說明，仍僅是一種抽象的概念，不得名爲自己內在的飛躍的生命。於是乎雲門說：「拈燈籠向佛殿裏」。燈籠，是一寶；佛殿，表示是形山；這意味和前句沒有什麽不同。然下一句說「將三門來燈籠上」的話，這不可不看爲是禪機的活躍處。原來所謂絕對法，存在於肉體中，是佛敎敎理所常談，自然也是究極原理的表現，可是在這裏不能認爲就是變通自在的活躍。然而現在雲門要把這究極原理使之轉到活處，所以說出「將三門來燈籠上」，使用着在一般人的相對的知——情識推理上不能理解的話頭。這是怎樣講法呢？因爲佛敎中所說的一寶，是我們所依存於相對的知上的一寶，而是沒有活的作用；何況一寶尚不認識的人，唯依賴着相對知而生存。所以雲門爲要打破一切而使自在的把握到一寶的光明。雲門垂語云：

『汝若相當去，且覓箇入路。微塵諸佛，在儞脚跟下；三藏聖敎，在儞舌頭上；莫如悟去好！和尚子，莫妄想！天是天，地是地，山是山，水是水，僧是僧，俗是俗。良久云：與我拈面前按山來看！便有僧出問云：「學人見山是山，水是水時如何？」門云：「三門為什麼從這裏過？」』

山是山，水是水，佛祖未出世以前就存在着，這不過是諸法實相的注脚；雲門要試驗座下僧的工夫，所以說「拈面前按山來」！這一句，正是打破人的情識的手段下句「三門爲什麽從這裏過」？是別開出的手眼，若祇是停滯在情識打破處，那也還未得自由，所以窮追緊逼的再打破這個窠臼，使得眞的自由。這樣說來：禪的主體，始終以絕對否定，否定了一切，所以也稱之爲「悟是竟同未悟」。

結論

概括地說來，人類和簡單的動物有所不同的，是對於自己的環境及生命的事實懷疑，對於生死的秘義想得個解決，這正是持有哲學產生藝術的宗教發生的根源。然而要把一切的存在和生成以及生死的問題，根本地直截了當地加以凝視，因之以達到其根本或本質，企圖從那些疑問上得到超脫，乃至截斷一切的矛盾和葛藤，達到絕對統一的境地，首先就必須從生存於現實中的自己超脫出來，而歸還到本來的自己，成爲一切的主人公。不是這樣，自己旣陷墮在世界中，要想如實地徹見世界的眞相，根本是不可能。所以與其說是將現實的世界在客觀上捕捉住，不如說超脫了現實時的實踐，而規定自己爲主體的活動爲適當；這個作用或實踐，不僅是從客觀世界發動出來，也不是主觀的自己意識上出現，更不是像被稱爲直觀或反省的意識的作用，而不能不說是全由現實的自己及現實的世界的界限性的自覺。

那末，明確的知道世界及自己自何處來，向何處去，這知道的便是自覺的統一；所以雖把這自覺叫做主人公，但決不是帶有實體存在的臭味。現實的自己成爲自覺其界限性的，這自己，是指眞的自己的根源被深深埋藏了的爲自己，故自覺亦是指這全體性爲自覺；所謂自覺者，不外顯現出絕對現實的自己本來安然之相而已。但這個安然相，唯是樸素的現實，絕不得加以肯定，卽禪的所謂本來面目，亦卽現在說的如實的自己。可是這須經過徹底的否定，以否定到盡頭處了的是自己的安然。

懷疑到生死的問題，自然走上宗教的道路；就禪來說，至少也是把這個疑問運用禪來解決。現在略談解決這個問題方面，第一務必將自己的全體先處決於否定，把自己完全捨棄毫無顧恪。禪的所說的大疑團，卽是要注其全力準向自己存在的根本源頭顚覆過去而逼拶出來的疑團；所謂大死一番者，可說是大疑團的極尖端處絕對否定。

絕對否定自己，卽不是自己了的自己或「無的自己」，纔是無矛盾的自己。唯因這樣沒有可以認爲自己的自己，所以是內外一如。是故若絕對之無現前，卽爲現在之自己而成功自覺，則處在世界的自己和現實世界的關係，已不是對立，已被規定於絕對之故。現實的世界，實際也可說是在絕對的無之所構成。而且個體，是在這個主體上的活動，是立足在世界和絕對無的限界境位上。

因是，把自己移到世界中去，那是無的表現；同時，是世界自身的直觀的行爲。若說世界的歷史的展開的方向爲「向外」的，那末絕對的無的方向，不可不說之爲歸還到「向內」。擔當着這樣論理來發揮全體的個體，或普遍的個體的，這也該說是禪的根本義吧！自然，祇此一端的，如所謂「言親意更親，來說是非者，便是是非人」的境界，那纔是活生生的事實，是創造性的主體，這點萬不可大意過去。換句話說：謂絕對無者，成爲無住無相無心的當體故，個體的個體的名相亦已離絕。禪的絕對的現實性，是在這樣的意義上，直示出「頭頭上明着着上妙」的，被道破了「儞目前歷歷底，一箇無形段孤明，是這箇解說法聽法」者是也。

是以，若達到和佛祖無別，「隨處作主，立處皆眞」，生死不染，任運無作，去住自由的這般境地時，便在絕對無的自己否定的肯定上，呈露出生龍活虎的理論。絕卻動而動的消息，雖靜止而非就着於一處，以迴天極地全體爲作用，而產生出絕對的現實；這世界的一一現象，悉發光明，物物全眞，頭頭顯露。這就是否定活動的一把無孔鐵鎚，也可稱之爲生生不息的永劫於一瞬間的禪的生命之活躍。

自己時常有着否定性的自覺的人，也就是最能活動於這個現實世界的人。生存於歷史的世界的現實，成功爲文化的創造或推動文化中心人物。無不由於自己否定性的原理，然後綜合着整個現實的世界而鑄成自己人格的人。就文化說：是在歷史中不斷的被創造着，可是就另一半面，那是由於超歷史而顯現其發展，又能給予新文化的誕生。唯其如此，凡是成爲文化的認識及文化的自覺的主體的人格，那就有一種活動，把歷史和文化不絕的超越，不絕的破壞；同時其自身卻向歷史和文化的向上發展而邁進，並形成產生出別一種文化的淸新的價值。把這能最具體的而普遍的表現出來的，就得信是禪的自覺的行爲的人格。

若說文化價值存在於規範，不如說價值是超出規範的。因爲非合理的自覺是成立於合理的規範中，須經過有相當醞釀的工夫。這自覺的工夫，除卻依於自己和自己以外的努力使之歸還於自己的本源以外，便無能爲力。就這點意義上說：禪的工夫，是做着把絕對矛盾的自己成爲同一，卽以非合理的合理爲文化的原理。故禪的工夫，就是修行，憑着修與證的一如的活動，將絕對無的自己於限定的作用上益加以純化；就這方面，也得知禪的文化創造性，是具有怎樣的特質。

禪的體驗，其工夫以否定性爲特色；因是，也動輒被人誤解，以爲於文化運動是消極的。實際，禪的文化較任何宗敎也是具有最積極性的，而且含蓄着創造力最豐富的一面，曾研究過禪學的人不得不承認的。

滄海叢刊已刊行書目(八)

書名	作者	類別
文學欣賞的靈魂	劉述先	西洋文學
西洋兒童文學史	葉詠琍	西洋文學
現代藝術哲學	孫旗譯	藝術
音樂人生	黃友棣	音樂
音樂與我	趙琴	音樂
音樂伴我遊	趙琴	音樂
爐邊閒話	李抱忱	音樂
琴臺碎語	黃友棣	音樂
音樂隨筆	趙琴	音樂
樂林蓽露	黃友棣	音樂
樂谷鳴泉	黃友棣	音樂
樂韻飄香	黃友棣	音樂
樂圃長春	黃友棣	音樂
色彩基礎	何耀宗	美術
水彩技巧與創作	劉其偉	美術
繪畫隨筆	陳景容	美術
素描的技法	陳景容	美術
人體工學與安全	劉其偉	美術
立體造形基本設計	張長傑	美術
工藝材料	李鈞棫	美術
石膏工藝	李鈞棫	美術
裝飾工藝	張長傑	美術
都市計劃概論	王紀鯤	建築
建築設計方法	陳政雄	建築
建築基本畫	陳榮美 楊麗黛	建築
建築鋼屋架結構設計	王萬雄	建築
中國的建築藝術	張紹載	建築
室內環境設計	李琬琬	建築
現代工藝概論	張長傑	雕刻
藤竹工	張長傑	雕刻
戲劇藝術之發展及其原理	趙如琳譯	戲劇
戲劇編寫法	方寸	戲劇
時代的經驗	汪琪 彭家發	新聞
大衆傳播的挑戰	石永貴	新聞
書法與心理	高尚仁	心理

滄海叢刊已刊行書目㈦

書名	作者	類	別
印度文學歷代名著選(上)(下)	糜文開編譯	文	學
寒山子研究	陳慧劍	文	學
魯迅這個人	劉心皇	文	學
孟學的現代意義	王支洪	文	學
比較詩學	葉維廉	比較文	學
結構主義與中國文學	周英雄	比較文	學
主題學研究論文集	陳鵬翔主編	比較文	學
中國小說比較研究	侯健	比較文	學
現象學與文學批評	鄭樹森編	比較文	學
記號詩學	古添洪	比較文	學
中美文學因緣	鄭樹森編	比較文	學
文學因緣	鄭樹森	比較文	學
比較文學理論與實踐	張漢良	比較文	學
韓非子析論	謝雲飛	中國文	學
陶淵明評論	李辰冬	中國文	學
中國文學論叢	錢穆	中國文	學
文學新論	李辰冬	中國文	學
離騷九歌九章淺釋	繆天華	中國文	學
苕華詞與人間詞話述評	王宗樂	中國文	學
杜甫作品繫年	李辰冬	中國文	學
元曲六大家	應裕康 王忠林	中國文	學
詩經研讀指導	裴普賢	中國文	學
迦陵談詩二集	葉嘉瑩	中國文	學
莊子及其文學	黃錦鋐	中國文	學
歐陽修詩本義研究	裴普賢	中國文	學
清真詞研究	王支洪	中國文	學
宋儒風範	董金裕	中國文	學
紅樓夢的文學價值	羅盤	中國文	學
四說論叢	羅盤	中國文	學
中國文學鑑賞舉隅	黃慶萱 許家鸞	中國文	學
牛李黨爭與唐代文學	傅錫壬	中國文	學
增訂江皋集	吳俊升	中國文	學
浮士德研究	李辰冬譯	西洋文	學
蘇忍尼辛選集	劉安雲譯	西洋文	學

滄海叢刊已刊行書目(六)

書名	作者	類別
卡薩爾斯之琴	葉石濤	文學
青囊夜燈	許振江	文學
我永遠年輕	唐文標	文學
分析文學	陳啓佑	文學
思想起	陌上塵	文學
心酸記	李喬	文學
離訣	林蒼鬱	文學
孤獨園	林蒼鬱	文學
托塔少年	林文欽編	文學
北美情逅	卜貴美	文學
女兵自傳	謝冰瑩	文學
抗戰日記	謝冰瑩	文學
我在日本	謝冰瑩	文學
給青年朋友的信(上)(下)	謝冰瑩	文學
冰瑩書柬	謝冰瑩	文學
孤寂中的廻響	洛夫	文學
火天使	趙衛民	文學
無塵的鏡子	張默	文學
大漢心聲	張起鈞	文學
回首叫雲飛起	羊令野	文學
康莊有待	向陽	文學
情愛與文學	周伯乃	文學
湍流偶拾	繆天華	文學
文學之旅	蕭傳文	文學
鼓瑟集	幼柏	文學
種子落地	葉海煙	文學
文學邊緣	周玉山	文學
大陸文藝新探	周玉山	文學
累盧聲氣集	姜超嶽	文學
實用文纂	姜超嶽	文學
林下生涯	姜超嶽	文學
材與不材之間	王邦雄	文學
人生小語(一)(二)	何秀煌	文學
兒童文學	葉詠琍	文學

滄海叢刊已刊行書目㈤

書名	作者	類別
中西文學關係研究	王潤華	文學
文開隨筆	糜文開	文學
知識之劍	陳鼎環	文學
野草詞	韋瀚章	文學
李韶歌詞集	李韶	文學
石頭的研究	戴天	文學
留不住的航渡	葉維廉	文學
三十年詩	葉維廉	文學
現代散文欣賞	鄭明娳	文學
現代文學評論	亞菁	文學
三十年代作家論	姜穆	文學
當代臺灣作家論	何欣	文學
藍天白雲集	梁容若	文學
見賢集	鄭彥棻	文學
思齊集	鄭彥棻	文學
寫作是藝術	張秀亞	文學
孟武自選文集	薩孟武	文學
小説創作論	羅盤	文學
細讀現代小説	張素貞	文學
往日旋律	幼柏	文學
城市筆記	巴斯	文學
歐羅巴的蘆笛	葉維廉	文學
一個中國的海	葉維廉	文學
山外有山	李英豪	文學
現實的探索	陳銘磻編	文學
金排附	鍾延豪	文學
放鷹	吳錦發	文學
黃巢殺人八百萬	宋澤萊	文學
燈下燈	蕭蕭	文學
陽關千唱	陳煌	文學
種籽	向陽	文學
泥土的香味	彭瑞金	文學
無緣廟	陳艷秋	文學
鄉事	林清玄	文學
余忠雄的春天	鍾鐵民	文學
吳煦斌小説集	吳煦斌	文學

滄海叢刊已刊行書目(四)

書名	作者	類別
歷史圈外	朱桂	歷史
中國人的故事	夏雨人	歷史
老臺灣	陳冠學	歷史
古史地理論叢	錢穆	歷史
秦漢史	錢穆	歷史
秦漢史論稿	刑義田	歷史
我這半生	毛振翔	歷史
三生有幸	吳相湘	傳記
弘一大師傳	陳慧劍	傳記
蘇曼殊大師新傳	劉心皇	傳記
當代佛門人物	陳慧劍	傳記
孤兒心影錄	張國柱	傳記
精忠岳飛傳	李安	傳記
八十憶雙親 師友雜憶 合刊	錢穆	傳記
困勉強狷八十年	陶百川	傳記
中國歷史精神	錢穆	史學
國史新論	錢穆	史學
與西方史家論中國史學	杜維運	史學
清代史學與史家	杜維運	史學
中國文字學	潘重規	語言
中國聲韻學	潘重規 陳紹棠	語言
文學與音律	謝雲飛	語言
還鄉夢的幻滅	賴景瑚	文學
葫蘆・再見	鄭明娳	文學
大地之歌	大地詩社	文學
青春	葉蟬貞	文學
比較文學的墾拓在臺灣	古添洪 陳慧樺 主編	文學
從比較神話到文學	古添洪 陳慧樺	文學
解構批評論集	廖炳惠	文學
牧場的情思	張媛媛	文學
萍踪憶語	賴景瑚	文學
讀書與生活	琦君	文學

滄海叢刊已刊行書目㈢

書名	作者	類別
不疑不懼	王洪鈞	教育
文化與教育	錢穆	教育
教育叢談	上官業佑	教育
印度文化十八篇	糜文開	社會
中華文化十二講	錢穆	社會
清代科舉	劉兆璸	社會
世界局勢與中國文化	錢穆	社會
國家論	薩孟武譯	社會
紅樓夢與中國舊家庭	薩孟武	社會
社會學與中國研究	蔡文輝	社會
我國社會的變遷與發展	朱岑樓主編	社會
開放的多元社會	楊國樞	社會
社會、文化和知識份子	葉啓政	社會
臺灣與美國社會問題	蔡文輝 蕭新煌 主編	社會
日本社會的結構	福武直 著 王世雄 譯	社會
三十年來我國人文及社會科學之回顧與展望		社會
財經文存	王作榮	經濟
財經時論	楊道淮	經濟
中國歷代政治得失	錢穆	政治
周禮的政治思想	周世輔 周文湘	政治
儒家政論衍義	薩孟武	政治
先秦政治思想史	梁啓超原著 賈馥茗標點	政治
當代中國與民主	周陽山	政治
中國現代軍事史	劉馥 著 梅寅生 譯	軍事
憲法論集	林紀東	法律
憲法論叢	鄭彥棻	法律
師友風義	鄭彥棻	歷史
黃帝	錢穆	歷史
歷史與人物	吳相湘	歷史
歷史與文化論叢	錢穆	歷史

滄海叢刊已刊行書目(二)

書名	作者	類別
語言哲學	劉福增	哲學
邏輯與設基法	劉福增	哲學
知識・邏輯・科學哲學	林正弘	哲學
中國管理哲學	曾仕强	哲學
老子的哲學	王邦雄	中國哲學
孔學漫談	余家菊	中國哲學
中庸誠的哲學	吳怡	中國哲學
哲學演講錄	吳怡	中國哲學
墨家的哲學方法	鐘友聯	中國哲學
韓非子的哲學	王邦雄	中國哲學
墨家哲學	蔡仁厚	中國哲學
知識、理性與生命	孫寶琛	中國哲學
逍遥的莊子	吳怡	中國哲學
中國哲學的生命和方法	吳怡	中國哲學
儒家與現代中國	韋政通	中國哲學
希臘哲學趣談	鄔昆如	西洋哲學
中世哲學趣談	鄔昆如	西洋哲學
近代哲學趣談	鄔昆如	西洋哲學
現代哲學趣談	鄔昆如	西洋哲學
現代哲學述評(一)	傅佩榮譯	西洋哲學
懷海德哲學	楊士毅	西洋哲學
思想的貧困	韋政通	思想
不以規矩不能成方圓	劉君燦	思想
佛學研究	周中一	佛學
佛學論著	周中一	佛學
現代佛學原理	鄭金德	佛學
禪話	周中一	佛學
天人之際	李杏邨	佛學
公案禪語	吳怡	佛學
佛教思想新論	楊惠南	佛學
禪學講話	芝峯法師譯	佛學
圓滿生命的實現(布施波羅蜜)	陳柏達	佛學
絶對與圓融	霍韜晦	佛學
佛學研究指南	關世謙譯	佛學
當代學人談佛教	楊惠南編	佛學

滄海叢刊已刊行書目(一)

書名	作者	類別
國父道德言論類輯	陳立夫	國父遺教
中國學術思想史論叢(一)(二)(三)(四)(五)(六)(七)(八)	錢穆	國學
現代中國學術論衡	錢穆	國學
兩漢經學今古文平議	錢穆	國學
朱子學提綱	錢穆	國學
先秦諸子繫年	錢穆	國學
先秦諸子論叢	唐端正	國學
先秦諸子論叢（續篇）	唐端正	國學
儒學傳統與文化創新	黃俊傑	國學
宋代理學三書隨劄	錢穆	國學
莊子纂箋	錢穆	國學
湖上閒思錄	錢穆	哲學
人生十論	錢穆	哲學
晚學盲言	錢穆	哲學
中國百位哲學家	黎建球	哲學
西洋百位哲學家	鄔昆如	哲學
現代存在思想家	項退結	哲學
比較哲學與文化(一)(二)	吳森	哲學
文化哲學講錄(一)(二)(三)(四)	鄔昆如	哲學
哲學淺論	張康譯	哲學
哲學十大問題	鄔昆如	哲學
哲學智慧的尋求	何秀煌	哲學
哲學的智慧與歷史的聰明	何秀煌	哲學
內心悅樂之源泉	吳經熊	哲學
從西方哲學到禪佛教—「哲學與宗教」一集—	傅偉勳	哲學
批判的繼承與創造的發展—「哲學與宗教」二集—	傅偉勳	哲學
愛的哲學	蘇昌美	哲學
是與非	張身華譯	哲學